КЛАЙВ СТЕЙПЛЗ ЛЬЮИС

РАСТОРЖЕНИЕ БРАКА

ИЗДАТЕЛЬСТВО АСТ
МОСКВА

УДК 821.111-31
ББК 84(4Вел)-44
Л91

Серия «Эксклюзивная классика»

C.S. Lewis

THE GREAT DIVORCE

Перевод с английского *Н. Трауберг*

Серийное оформление *Е. Ферез, А. Фереза*

Компьютерный дизайн *А. Чаругиной*

Сайт автора: www.cslewis.com

Льюис, Клайв Стейплз.

Л91 Расторжение брака : [роман] / Клайв Стейплз Льюис ; [перевод с английского Н. Трауберг]. — Москва : Издательство АСТ, 2022. — 128 с. — (Эксклюзивная классика).

ISBN 978-5-17-121712-9

«Земную жизнь пройдя до половины», неназванный рассказчик очутился... нет, не в старомодном сумрачном лесу, а в чистилище, которое представляет собой скучный, серый, но вполне комфортабельный город. И более того – жители города имеют возможность посетить предгорье Рая, куда их с готовностью доставляет старенький пыльный автобус.

Любопытные экскурсанты оказываются в невиданно прекрасном месте, где их встречают с распростертыми объятиями и приглашают проследовать выше, в райские кущи. До вечного блаженства осталось сделать лишь шаг, но отчего же медлят пассажиры автобуса и измышляют тысячи причин, чтобы вернуться назад?..

УДК 821.111-31
ББК 84(4Вел)-44

ISBN 978-5-17-121712-9

Предисловие

Блейк писал о браке Неба и Ада. Я пишу о расторжении этого брака не потому, что считаю себя вправе спорить с гением, — я даже не знаю толком, что он имел в виду. Но, так или иначе, люди постоянно тщатся сочетать небо и ад. Они считают, что на самом деле нет неизбежного выбора и, если хватит ума, терпения, а главное — времени, можно как-то совместить и то и это, приладить их друг к другу, развить или истончить зло в добро, ничего не отбрасывая. Мне кажется, что это тяжкая ошибка. Нельзя взять в путь все, что у тебя есть, иногда приходится даже оставить глаз или руку. Пути нашего мира — не радиусы, по которым рано или поздно доберешься до центра. Что ни час нас поджидает развилка, и приходится делать выбор. Даже на биологическом уровне жизнь подобна дереву, а не реке.

Она движется не к единству, а от единства, живые существа тем более разнятся, чем они совершеннее. Созревая, каждое благо все сильнее отличается не только от зла, но и от другого блага.

Я не считаю, что всякий, выбравший неверно, погибнет, он спасется, но лишь в том случае, если снова выйдет (или будет выведен) на правильный путь. Когда сумма неверна, мы исправим ее, если вернемся вспять, найдем ошибку, подсчитаем снова, и не исправим, если будем просто считать дальше. Зло можно исправить, но нельзя перевести в добро. Время его не врачует. Мы должны сказать «да» или «нет», третьего не дано. Если мы не хотим отвергнуть ад или даже мир сей, нам не увидеть рая. Если мы выберем рай, нам не сохранить ни капли, ни частицы ада. Там, в раю, мы узнаем, что все при нас, мы ничего не потеряли, даже если отсекли себе руку. В этом смысле те, кто достойно совершил странствие, вправе сказать, что всё — благо и что рай всюду. Но пока мы здесь, мы не вправе так говорить. Нас подстерегает страшная ошибка: мы можем решить, что все на свете — благо и всюду — рай. «А как же земля?» — спросите вы. Мне кажется, для тех, кто предпочтет ее небу, она станет частью ада, для тех, кто предпочтет ей небо, — частью рая.

Об этой небольшой книжке скажу еще две вещи. Во-первых, я благодарен писателю, имени которого не помню. Рассказ его я читал несколько лет назад в ослепительно пестром американском журнале, посвященном так называемой научной фантастике, и позаимствовал идею сверхтвердого, несокрушимого вещества. Герой посещает не рай, а прошлое и видит там дождевые капли, которые пробили бы его, как пули, и бутерброды, которые не укусишь, — все потому, что прошлое нельзя изменить. Я с неменьшим (надеюсь) правом перенес это в вечность. Если автор сего рассказа прочитает эти строки, пусть знает, что я ему благодарен. И второе: прошу читателя помнить, что перед ним — выдумка.

Конечно, в ней есть нравственный смысл, во всяком случае, я к этому стремился. Но сами события я придумал и ни в коей мере не выдаю за то, что нас действительно ждет. Меньше всего на свете я пытался удовлетворить любопытство тех, кого интересуют подробности загробной жизни.

Почему-то я ждал автобуса на длинной уродливой улице. Смеркалось, шел дождь. По таким улицам я бродил часами, и все время начинались сумерки, а дождь не переставал. Время словно остановилось на той минуте, когда свет горит лишь в нескольких витринах, но еще не так темно, чтобы он веселил сердце. Сумерки никак не могли сгуститься во тьму, а я никак не мог добраться до мало-мальски сносных кварталов. Куда бы я ни шел, я видел грязные меблирашки, табачные ларьки, длинные заборы, с которых лохмотьями свисали афиши, и те книжные лавчонки, где продают Аристотеля. Людей я не встречал. В городе как будто не было никого, кроме тех, кто ждал автобуса. Наверное, потому я и встал в очередь.

Мне сразу повезло. Не успел я встать, как маленькая бойкая женщина прямо передо мной раздраженно сказала спутнику:

— Ах так? А я возьму и не поеду! — и пошла куда-то.

— Не думай, — с достоинством возразил мужчина, — что мне это нужно. Ради тебя стараюсь, чтоб шуму не было. Да разве кому-нибудь до меня есть дело? Куда там...

И он ушел.

«Смотри-ка, — подумал я, — вот и меньше на два человека».

Теперь я стоял за угрюмым коротышкой, который, метнув на меня злобный взгляд, сказал соседу:

— Из-за всего этого хоть не езжай...

— Из-за чего именно? — спросил его высокий краснолицый мужчина.

— Народ черт знает какой, — пояснил коротенький.

Высокий фыркнул и сказал не то ему, не то мне:

— Да плюньте вы! Нашли кого бояться.

Я не отреагировал, и он обратился к коротенькому:

— Значит, плохи мы для вас?

И тут же ударил его так сильно, что тот полетел в канаву.

— Ничего, ничего, пускай полежит, — сказал он неизвестно кому, — я человек прямой, не дам себя в обиду.

Коротенький не стремился занять свое место. Он медленно заковылял куда-то, а я не без осторожности встал за высоким. Тут ушли под руку два существа в брюках. Оба визгливо хихикали (я не смог бы сказать, кто из них принадлежит к какому полу) и явно предпочитали друг друга месту в автобусе.

— Ни за что не втиснемся!.. — захныкал женский голос человека за четыре до меня.

— Уступлю местечко за пять монет, — сказал кто-то.

Зазвенели деньги. Раздался визг, потом хохот. Женщина кинулась на обманщика, очередь сомкнулась, и место ее исчезло.

Когда пришел автобус, народу оставалось совсем немного. Автобус был прекрасен. Он сиял золотом и чистыми, яркими красками. Шофер тоже сиял. Правил он одной рукой, а другой отгонял от лица липкий туман.

Очередь взвыла:

— Ничего устроился!

— Форсу-то, форсу!

— Ух, смазал бы я его!

Шофер, на мой взгляд, не оправдывал таких эмоций, разве что твердо и хорошо вел машину. Люди долго давили друг друга в дверях, хотя там было достаточно места. Я вошел последним. Пол-автобуса оказалось пустым, я сел в сторонке, не проходя вперед. Однако тут же ко мне подсел косматый человек, и автобус тронулся.

— Вы, конечно, не возражаете, — сказал косматый. — Я сразу увидел, что вы смотрите на них, как я. Не пойму, чего они едут! Им там не понравится. Сидели бы тут. Вот мы — дело другое.

— А им тут нравится? — спросил я.

— Да как везде, — отвечал он. — Кино есть, ларьки есть, всякие развлечения. Никакой интеллектуальной жизни. Но что им до того? Со мной, конечно, произошла ошибка. Надо бы мне сразу уехать, но я пытался их расшевелить. Нашел кое-кого из старых знакомых, создал кружок... Ничего не вышло. Опустились. Я, правда, и раньше не очень-то верил в Сирила Блеллоу, писал он слабо, но он хоть разбирался в искусстве. А сейчас — одна спесь, одно самомнение. Когда я стал читать ему свои стихи... Постойте, надо бы и вам взглянуть.

Я с ужасом увидел, что он вынимает из кармана очень много исписанных листов, и начал быстро объяснять, что забыл очки, но сам себя перебил.

— Смотрите-ка, — воскликнул я, — мы летим!

Действительно, мы летели. Под нами сквозь мглу и дождь виднелись мокрые крыши, и крышам этим не было конца.

Косматый поэт недолго терзал меня, беседу нашу прервали, но узнал я о нем довольно много. Как выяснилось, ему удивительно не повезло. Родители не понимали его, ни в одной из пяти школ не разглядели и не оценили его дарований. К довершению бед, он был из тех, кому абсолютно не подходит экзаменационная система. В университете он догадался, что несправедливости эти не случайны, а вызваны нашей экономической системой. Капитализм, оказывается, не только угнетает рабочих, но и портит вкус и притупляет ум. Догадавшись об этом, он стал коммунистом, но тут Россия заключила союз с капиталистическими странами, он снова оказался не у дел и уклонился от призыва. Неприятности, связанные с этим, его вконец озлобили. Он решил ехать в Америку, но Америка вступила в войну. Тогда он понял, что новая поэзия найдет приют лишь в Швеции, но бюрократы и мещане его туда не пустили. Туго было и с деньгами. Отец, человек тупой и отсталый, давал ему гроши. И девушка его обидела. Он думал, она взрослый, современный человек, а оказалось, она мещанка с моногамным комплексом. Он же, надо сказать, особенно не терпит собственничества. В общем, больше выдержать он не мог. Он бросился под поезд.

Я вздрогнул, но он не заметил этого.

Однако ему и тут не повезло. Его направили в серый город. По ошибке, конечно. «Вот увидите, — сказал он, — обратно поедут все, кроме меня». Он-то останется. Он знает, что там его, конечно, ждет слава. А сейчас, поскольку у меня нет очков, он прочитает мне отрывок, который не понял и не оценил Сирил Блеллоу...

Тут нас и прервали. По всему автобусу негромко кипели склоки, и одна в конце концов перекипела через край. Засверкали ножи, засвистели пули, но никого не ранило. Когда все утихло, я оказался цел и невредим, но почему-то на другом месте. И сосед у меня был другой, неглупый с виду, толстоносый, в котелке. Я выглянул в окно. Мы поднялись так высоко, что внизу все слилось воедино. Я не различал ни рек, ни полей, ни гор, и мне показалось, что куда ни глянь — улицы серого города.

— Какой-то город дурацкий, — начал я, — ничего не пойму! На улицах никого нет. А раньше тут было много народу?

— Нет, — отвечал толстоносый. — Дело в том, что у нас здесь все очень склочные. Прибудет кто-нибудь, поселится и сразу поссорится с соседом. За неделю доходит до того, что рядом жить нельзя. Места много — все уже переругались и уехали. Селится он на соседней улице, а если там тоже найдется сосед, передвигается еще дальше. В конце концов он строит себе на отшибе новый дом. Тут это просто: представь себе дом — и готово. Так город и растет.

— А улицы стоят пустые?

— Вот именно. И время тут другое. Эта остановка, где мы ждали, за тысячи километров от того места, куда прибывают с земли. Все, кого вы видите, живут недалеко от остановки, но добираются они до нее много столетий по нашему времени.

— А где же те, кто раньше прибыл? Ведь не они первые?

— Вот именно. Не они. Те еще дальше продвинулись, перемахнули, так сказать. Жуткая даль... Там, где я живу, есть пригорок, а один здешний житель завел телескоп. Мы разглядели огоньки. Дома друг от друга миль за тысячу. То-то и плохо. Я думал, увижу этих, исторических... А никого нет.

— Если бы они вовремя вышли, они бы успели к автобусу?

— Как вам сказать... вообще-то да. Но они не хотят, эти все — Тамерлан, Чингисхан, Генрих VIII...

— Не хотят?

— Вот именно. Ближе всех Наполеон. У нас двое ходили его смотреть. Они, конечно, давно вышли, еще до меня, а вернулись при мне. Теперь мы знаем, где его дом. Маленькое такое пятнышко, а кругом пустота, ничего нет.

— Они там были?

— Вот именно. Дом у него большой, длинный, окон много, всюду свет. От меня, конечно, не разглядишь. Так, вроде головки булавочной...

— А его самого они видели?

— Вот именно. Заглянули в окно.

— Что же он делал?

— Ходил взад-вперед. Туда-сюда, туда-сюда, как маятник. Они целый час смотрели, а он все ходит и ходит. И приговаривает: «Это Ней виноват... Это Сульт виноват... Жозефина виновата... Россия виновата... Англия...» Маленький, жирненький, усталый какой-то, ходит и ходит.

— Значит, город так и будет расти? — спросил я.

— Вот именно, — отвечал толстоносый, — но можно принять меры.

— Какие же?

— Между нами говоря, этим я сейчас и занимаюсь. Что у нас плохо? Плохо то, что здесь нет потребностей. Все у нас доступно, правда — не первый сорт, зато делать ничего не надо, только представь себе — и готово. Другими словами, у нас нет экономической базы для совместной жизни. Если бы людям был нужен настоящий магазин, они бы около него и селились. Общество зиждется на нужде. Тут-то я и вмешаюсь. Я еду не ради здоровья. Честно говоря, вряд ли мне там понравится. Но если я привезу к нам вниз настоящие вещи, тут же возникнет спрос. Открою дельце, люди ко мне стянутся. Централизация! На них на всех двух улиц хватит. Мне — выгода, им — польза.

— Вы думаете, если им придется жить рядом, они будут меньше ссориться?

— Как вам сказать... поставим вопрос иначе. Их можно будет утихомирить. Заведем полицию. Вобьем в них порядок (тут он понизил голос). Все лучше... Безопасней...

— А какая опасность? — начал я, но он толкнул меня, и я понял, что надо спросить иначе.

— Простите, — начал снова я, — если им все так доступно, зачем им настоящие вещи?

— Ну как же! Им нужно, чтобы дом защищал от дождя.

— А эти не защищают?

— Конечно, нет. Куда им!

— Зачем же их строить?

Он нагнулся ко мне.

— Все ж безопасней как-то... — прошептал он, — вроде бы вернее... Теперь-то ничего, а вот потом... Сами понимаете...

— Что? — спросил я, невольно понижая голос.

— Скоро стемнеет, — еле внятно пробормотал он.

— Вы хотите сказать, — уточнил я, — что ночь действительно настанет?

Он кивнул.

— А при чем тут дома?

— Ну... Кому тогда приятно оказаться без крова...

— Почему?

Он что-то сказал так быстро и тихо, что я несколько раз попросил его повторить. Наконец он повторил довольно сердито —

те, кто шепчет, часто сердятся, — а я спросил по забывчивости громко:

— Кто это «они»? Чего вы боитесь? Почему они выйдут, когда стемнеет? Чем защитит воображаемый дом?

— Эт-та что такое? — крикнул высокий пассажир. — Разболтались! Шепчутся, видите ли! Слухи распускают! Эй, Айки, заткнись! Кому говорю!

«Так его!», «Черт-те что!», «Управы на них нет!», «И кто их пустил!», «Так его!» — закричали пассажиры.

Толстый, чисто выбритый человек, сидевший перед нами, обернулся ко мне.

— Прошу прощения, — сказал он. — Я поневоле услышал часть вашего разговора. И где только берутся эти темные предрассудки! Простите?.. Ну конечно, чистая выдумка! Нет ни малейших оснований полагать, что сумерки сменятся тьмой. В образованных кругах на это смотрят иначе. Странно, что вы не слышали... Теперь мы считаем, что этот слабый, мягкий свет сменится зарей. Понемногу, конечно, постепенно. А что до страсти к «настоящим вещам», о которой говорил наш друг, то это грубый материализм. Что с них взять? Отсталые люди, привязаны к земному... Для нас этот истинно духовный город (да, при всех его недостатках он духовен) — как бы детская, где творческий человек, освобожденный от уз материи, пробует крылья. Возвышенная мысль!

Пока шли эти разговоры, в автобусе становилось светлее. Грязно-серое пространство за окнами стало жемчужным, потом бледно-голубым, потом ярко-синим. Нигде не было ни пейзажей, ни солнца, ни звезд, только сияющая бездна. Я опустил стекло, вдохнул благоуханный и прохладный воздух, но тут мой культурный собеседник страшно заорал: «Какого черта!», навалился на меня и резко поднял стекло.

— Вы что?

Я огляделся. Автобус был залит ярким, жестким светом. Увидев лица моих спутников, я содрогнулся. Одни были иссохшие, другие распухшие, одни — по-идиотски злобные, другие совершенно пустые, но все какие-то линялые и перекошенные. Казалось, если свет станет ярче, они развалятся на куски. В автобусе было зеркало, и я вдруг увидел свое лицо.

А свет все разгорался.

Над нами снова нависла скала. Она шла отвесно вверх и вниз, дна я не различал, поверхность была темной и мшистой. Мы поднимались вверх. Наконец мы увидели вверху ярко-зеленую тонкую черточку, ровную, как струна. Вскоре мы достигли ее и заскользили над поросшей травою равниной, по которой текла большая река. Мы явно спускались — верхушки высоких деревьев были все ближе. Вдруг автобус встал. Мы подпрыгнули на сиденьях. Спутники мои кинулись гурьбой к выходу, толкаясь и бранясь на все лады. Я остался один и услышал, как за закрытой дверью в ясной тишине поет жаворонок.

Вышел и я. Было светло и прохладно, как летним утром, минуты за две до восхода солнца, но само пространство показалось мне иным, незнакомым, каким-то особенно большим, словно и небо здесь дальше, и поляна просторней, чем на маленьком шарике Земли. Я как бы вышел наружу, и даже Солнечная система была теперь домашней, почти игрушечной. Мне стало свободно и страшновато, и от обоих этих чувств я не отделался до конца описываемых здесь событий. Описать эти чувства я не могу и вряд ли добьюсь того, что вы, читая мой отчет, будете о них помнить. У меня просто руки опускаются — как же передать, как выразить то, что я видел и слышал.

Сперва я, разумеется, взглянул на своих спутников, еще стоявших у автобуса, хотя кое-кто и сделал два-три неуверенных шага. Взглянул и обомлел. Теперь, на свету, они казались прозрачными — совсем прозрачными, когда стояли между мной и светом, и мутноватыми, когда стояли в тени. Говоря строго, они были призраками. Их можно было и не видеть, как грязь на оконном стекле. Трава под их ногами не сминалась, даже капли росы не осыпались на землю.

Потом я увидел все иначе, то ли в уме, то ли в глазах моих что-то сдвинулось, и люди стали обычными, а трава и деревья очень плотными и весомыми, так что по сравнению с ними люди казались прозрачными. Догадка мелькнула в моем мозгу, я наклонился и попробовал сорвать ромашку. Стебель рваться не стал. Он даже не откручивался, вообще не двигался, хотя я ободрал о него руки и весь вспотел. Ромашка была твердой не как дерево и не как железо, а как алмаз. Рядом с ней лежал маленький листок. Я попытался его приподнять, сердце чуть не разорвалось, но немножко я этот листок приподнял. Однако тут же и выронил — он был тяжелее мешка с углем. Я стоял, тяжело дышал и глядел на ромашку, как вдруг заметил, что вижу траву сквозь свои ступни. Значит, и я — призрак. Мне стало до тошноты страшно. «Вот это да! — подумал я. — Попался... »

— Не хочу, не хочу! — закричал кто-то. — Нервы не выдержат!

Мимо меня к автобусу пронесся призрак женского пола. Больше я его не видел.

Прочие топтались на месте.

— Эй, как вас! — сказал шоферу высокий. — Когда обратно поедем?

— Можете и совсем не ехать, — отвечал шофер. — Сколько хотите, столько здесь и будете.

— Просто смешно, — прошептал кто-то мне на ухо. Ко мне подошел боком один из самых тихих и приличных призраков. — Путаница какая-то. Зачем этому сброду здесь торчать? Нет, вы посмотрите на них. Их ничто не радует. Им дома лучше. Они даже не знают, что делать.

— Я и сам не знаю, — сказал я, — а вы?

— Я? Меня сейчас встретят. Меня ждут. Мне-то беспокоиться не о чем. Но не так-то уж приятно, когда они тут кишат. Да я затем и ехал, чтобы от них избавиться!

Он отошел от меня. Я осмотрелся. Никто не кишел, наоборот, было на удивление пусто, так пусто, что я едва различил кучку призраков, за которой мирно сияла зеленая равнина. Правда, где-то вдали виднелись не то облака, не то высокие горы. Порой мне удавалось разглядеть какие-то леса, глубокие долины и даже города на высоких склонах, порой все это исчезало. Горы были невообразимо высоки, я не мог охватить их взглядом. За ними брезжил свет, на земле лежали длинные тени, но солнце не появлялось.

Время шло, и я наконец увидел, что к нам идут люди. Они так сверкали, что я различил их издалека и сперва не понял, люди ли это. Они приближались, земля дрожала под их тяжелыми шагами. Ступали они по мокрой траве, она сминалась, роса осыпалась на землю, и снизу поднимался запах свежести. Одни были одеты, другие обнажены, но обнаженные были нарядны, а одежды не скрывали прекрасных очертаний тела. Меня поразило, что ни про кого нельзя сказать, сколько ему лет. У нас на земле мы видим иногда мудрость на лице младенца или веселую простоту старика. Здесь каждый был и стар и молод. Люди приближались, и я ощущал смутную тревогу. Два призрака заорали и кинулись к автобусу, остальные сгрудились поплотнее.

Сверкающие люди подошли совсем близко, и я понял, что каждый идет к кому-то из нас. «Сейчас навидаемся трогательных сцен, — подумал я. — Может, неделикатно на них смотреть?» И я отошел, словно хотел исследовать местность. Справа росли большие красивые кедры. Я направился к ним. Идти было трудно. Твердая трава с непривычки резала ноги, и я ступал, как русалочка у Андерсена. Пролетела птица, я ей позавидовал. Она здешняя, настоящая, как трава. Под ее весом согнулся бы стебель и роса посыпалась бы на землю.

За мной пошел высокий человек, вернее, высокий призрак, а за ним — один из сияющих людей, или сияющих духов.

— Ты что, не узнал меня? — крикнул он Призраку, и я поневоле обернулся. Сияющий Дух был одет, а лицо у него светилось такой радостью, что я чуть не заплясал на месте.

— Черт меня дери! — сказал Призрак. — Увидишь — не поверишь. Нет, Лэм, это уж черт знает что. А как же Джек? Ты вот расплылся до ушей, а Джек, Джек-то как?

— Он здесь, — отвечал Дух. — Ты скоро его увидишь, если останешься.

— Да ты же его убил!

— Верно, убил. А теперь все в порядке.

— В порядке, значит? Это для тебя, что ли? А он, бедняга, мертвый лежит...

— Не лежит он! Говорю тебе, ты его увидишь. Он тебе кланялся.

— Интересно узнать, — не унимался Призрак, — почему это всякие убийцы тут прохлаждаются, а я столько лет живи в каком-то хлеву?..

— Этого сразу не понять. Ничего, теперь все кончилось. Все хорошо. Ты больше не беспокойся.

— Не беспокойся, значит? А тебе не стыдно на себя глядеть?

— Нет. То есть не в том смысле. Я на себя не гляжу. Я перестал с собой носиться. Понимаешь, не до того мне было после убийства. Так все и началось.

— Я лично, — сказал Призрак с неуместной значительностью, — я лично считаю, что мне место здесь, а тебе — там. Такое мое мнение.

— Ты, наверное, тут и будешь, — отвечал Дух, — ты только не думай, где кому место.

— Погляди на меня! — Призрак ударил себя в грудь (звука не было). — Погляди на меня. Я человек порядочный. Конечно, недостатки у меня были, у кого их нет, но я жил честно. Такой уж я человек. Чужого не просил. Хотел выпить — платил деньги, хотел заработать — вкалывал. Да. Я человек такой.

— Сейчас бы лучше на этом не настаивать.

— Это кто настаивает? Я что, спорю? Я тебе просто и ясно говорю, какой я человек. Мне чужого не нужно, я своего требую. Думаешь, ты лучше меня, если разрядился, как на ярмарку (да, у меня вы так не ходили), а я человек бедный? Ничего! У меня такие же права, как и у тебя.

— Ну что ты! У меня нет никаких прав. Если бы мне дали то, что мне по праву следует, я бы здесь не был. И тебе не дадут. Будет гораздо лучше. Ты не бойся.

— Я и говорю. Мне не дали того, что мне по праву следует. А я человек порядочный, делал что мог, зла не творил. Нет, вы мне скажите, почему мной распоряжается какой-то убийца?

— Я не распоряжаюсь. Ты только пойди со мной, и все будет хорошо.

— Чего ты пристал? Я милостыни не прошу.

— А ты попроси. Попроси милости. Тут можно только просить, купить ничего нельзя.

— А тебе того и надо! Ясное дело. Тут у вас принимают всяких убийц, если они расхныкаются. Что ж, вам виднее. А мне это не годится, понятно? Мне милостыня не нужна. Я жил как надо.

Дух покачал головой.

— У тебя ничего не выйдет, — сказал он, — ты не сможешь ступать по траве, ноги не окрепнут. Мы и до гор не дойдем. Да ты и вообще не прав.

— Это в чем же? — мрачно спросил Призрак.

— Ты не жил как надо и не делал все, что мог. Никто из нас этого не делал.

— Вот это да! — возмутился Призрак. — Ты мне объясняешь, как надо было жить!

— Конечно. Стоит ли разбирать? Лучше я тебе вот что скажу: когда я убил бедного Джека, это было не самое худшее. Я себя не помнил, и все кончилось в одну минуту. А тебя я убивал годами. Я лежал по ночам и думал, что бы я с тобой сделал, если бы мог. Потому меня к тебе и послали. Чтобы я просил прощения и служил тебе, пока нужно. Из всех, кто у тебя работал, я самый худший. Но все мы так чувствовали. Понимаешь, нам нелегко приходилось. И жене твоей, и детям...

— Тебе-то что? — прервал его Призрак. — Это частные дела, понятно?

— Частных дел нет, — сказал Дух.

— И вот еще что, — продолжал Призрак, — иди-ка отсюда, не лезь ко мне, понятно? Я, конечно, человек маленький, но убийца мне не компания. Нелегко вам было, да? Вернулся бы ты ко мне, я бы тебе показал, как работают!

— Покажи сейчас, — сказал Дух. — Идти к горам весело, но это и труд немалый.

— Ты думаешь, я с тобой пойду?

— Не отказывайся. Одному тебе не дойти, а меня к тебе послали.

— Ясно... — горько проговорил Призрак, но в голосе его звучало торжество. — Чего от вас и ждать? Вы все тут в сговоре. Не пойду. Так и передай. Если я им без тебя плох, и не надо. Я своего требую, понятно? Нечего мне тут няньку подсовывать. — Он просто радовался, что может угрожать. — Вернусь домой. Я вам не собака. Домой пойду, понятно? А ну вас всех...

И он направился к автобусу, что-то ворча и пошатываясь от боли. Ноги его не привыкли к алмазной траве.

Минуту-другую под кедрами стояла тишина, потом послышались какие-то глухие звуки. Два льва, мягко ступая, вышли на поляну, взглянули друг на друга, встали на задние лапы, словно геральдические львы, и стали играть. Гривы у них были мокрые — наверное, они выкупались в реке, шумевшей неподалеку. Я испугался и пошел посмотреть, где же она. Река оказалась за стеною цветущих кустов, стоявших у самой воды. Текла она тише Темзы, но быстро, как горный поток. Там, где отражались деревья, вода была бледно-зеленая, и сквозь нее виднелись все камешки на дне. Еще один Дух беседовал с еще одним Призраком, тем, кто так культурно выговаривал слова и носил гетры.

— Дорогой мой! — восклицал Призрак. — Как я тебе рад!

Дух, стоявший перед ним, сверкал нестерпимой белизной.

— Вчера я виделся с твоим несчастным отцом, — продолжал Призрак. — Мы все гадали, где же ты.

— Ты его не привез? — спросил Дух.

— Н-нет. Он живет далеко от остановки... И, честно говоря, он стал немного странным. Трудным, я бы сказал. Не тот, не тот. Сам знаешь, силой он не отличался. Помнишь, когда мы с тобой начинали беседу, он уходил спать. Ах, Дик, никогда не забуду наших бесед! Правда, к концу жизни ты стал... как бы это выразиться... узким. Надеюсь, твои взгляды с тех пор изменились.

— В каком смысле?

— Ну, сам видишь, ты был не прав. Ты верил в настоящие, буквальные, так сказать, Небо и Ад.

— Чем же я не прав?

— Я понимаю, в духовном плане всё так. Я и сейчас в них верю. И сейчас, так сказать, взыскую Царствия. Но все эти суеверия, мифы...

— Прости, а где же ты был, по-твоему?

— А, вон оно что! Ты хочешь сказать, что серый город, где с минуты на минуту рассветет, — это, в сущности, Небо. Прекрасная мысль!

— Ничего я не хочу сказать. Неужели ты не знаешь, где ты был?

— Сейчас, когда мы об этом заговорили, я припоминаю, что мы никак не называли этот город. А вы как его зовете?

— Адом.

— Ну, зачем же так грубо!.. Быть может, в твоем смысле слова я не очень правоверен. Но о некоторых вещах я привык говорить почтительно.

— Это об аде почтительно говорить? Я не шучу. Ты был в преисподней. Но если ты останешься здесь, можешь называть ее чистилищем.

— Прекрасно, дорогой, прекрасно! Ты все тот же. А не скажешь ли ты мне, за что я попал в ад? Не бойся, я не обижусь.

— Как за что? За то, что ты отступник.

— Ты это серьезно?

— Совершенно серьезно.

— Признаюсь, не ожидал! Неужели ты и впрямь считаешь, что людей карают за их взгляды, даже если мы допустим, для пользы рассуждения, что взгляды эти ошибочны?

— Неужели ты и впрямь считаешь, что нет грехов разума?

— Есть, как не быть. Суеверие, отсталость, умственный застой... Но честно исповедовать свои взгляды — не грех.

— Да, я помню, так мы говорили. Я сам так говорил, пока не стал узким. Тут все дело в том, честно ли ты исповедовал эти взгляды.

— Я? Не то что честно — смело! Я не боялся ничего. Когда разум, данный мне Богом, не мог больше соглашаться с доктриной Воскресения, я открыто от нее отрекся. Я сказал мою прославленную проповедь. Я рисковал всем.

— Чем ты рисковал? Что из этого могло выйти, кроме того, что вышло? Ты прославился, твои книги раскупили, тебя приглашали повсюду, ты стал епископом...

— Дик, ты ли это? На что ты намекаешь?

— Я не намекаю. Понимаешь, я *знаю*. Давай говорить прямо. Мы не дошли честно до наших взглядов. Мы просто унюхали определенный тип идей и схватились за него, потому что он был в моде. Помнишь, еще в колледже мы писали сочинения на верную пятерку? Так и потом. Мы не хотели встать лицом к лицу с единственно важным вопросом: а может, чудеса все-таки есть? Мы не хотели рисковать, боялись недолгой борьбы и теряли веру.

— Если ты имеешь в виду свободные богословские взгляды, я решительно протестую! Неужели ты хочешь сказать, что такие люди, как...

— Я ничего ни о ком не хочу сказать. Я говорю о нас, обо мне и о тебе. Ради Бога, вспомни все, как было! Ты ведь знаешь, что мы жульничали. Мы просто боялись, как бы другое учение не оказалось правдой. Мы боялись простой веры в спасение, боялись предать дух века, боялись насмешек, а больше всего мы боялись настоящих страхов и надежд.

— Конечно, молодые люди часто ошибаются, попадают под дурные влияния, подчиняются моде. Но при чем тут я? Я честно верил в то, что говорил, и честно говорил то, во что верил.

— Да, конечно. Мы разрешили себе плыть по течению, охотно принимали всякую полуосознанную подсказку наших желаний и в конце концов поверили, что не верим. Так завистник верит любой лжи о лучшем своем друге, пьяница верит, что еще одна рюмка ему не повредит. Они честно верят в том смысле, что именно это подсказывает им душа. Если ты имеешь в виду такую честность, и они честны, и мы. Но ошибки их не становятся от этого невинными.

— Ты сейчас оправдаешь инквизицию!

— Почему? Из того, что в Средние века люди ошибались на один лад, не следует, что мы должны ошибаться на другой.

— Очень интересная точка зрения, — проговорил Призрачный епископ. — Я бы сказал, оригинальная. Однако...

— Спорить некогда, — перебил его Дух. — Все это позади. Мы больше не играем. Я говорил о нашем прошлом только для того, чтобы ты от него отказался. Начни с самого начала. Ты знаешь, это ведь правда — «паче снега убелюся». Бог дал мне власть очистить тебя. Я долго шел, чтобы тебя увидеть. Ты был в аду; ты в преддверии рая. Неужели ты и теперь не покаешься?

— Я не уверен, что улавливаю твою мысль, — сказал Призрак.

— Какая тут мысль! — воскликнул Дух. — Я прошу тебя покаяться...

— Дорогой мой, я и так верю. Мы не во всем согласны, но ты ничего во мне не понял, если тебе кажется, что я не дорожу моей верой.

— Ладно, — сказал Дух. — Поверь в *меня*.

— В каком смысле?

— Пойди со мной. Поначалу будет больно. Истина причиняет боль всему, что призрачно. Но потом у тебя окрепнут ноги. Идем?

— Занятное предложение... Обдумаю, обдумаю... Конечно, без гарантий рискованно... Я хотел бы удостовериться, что там, у вас, я могу быть полезен... могу развернуть данные мне Богом дары... что там возможно свободное исследование, царит, я бы сказал, духовная жизнь...

— Нет, — сказал Дух, — ничего этого я тебе не обещаю. Ты не принесешь пользы, не развернешь дарований — ты получишь прощение. И свободное исследование там не нужно — я веду не в страну вопросов, а в страну ответов, и ты увидишь Бога.

— Прекрасно, прекрасно, но ведь это метафоры! Для меня окончательных ответов нет. Ум обязан свободно исследовать, как же иначе? Движение — все, конечная цель...

— Если бы это было правдой, никто и не стремился бы к цели.

— Нет, согласись, в самой идее законченности есть что-то ужасное. Умственный застой губит душу.

— Тебе так кажется, потому что до сих пор ты касался истины только разумом. Я поведу тебя туда, где ты усладишься ею, как медом, познаешь ее, как невесту, утолишь жажду.

— Я не уверен, что жажду новых истин. А как же свободная игра ума? Без нее, знаешь ли, я не могу.

— Ты и будешь свободен, как человек, который выпьет воды по собственной воле. Ты лишишься одной свободы — бежать от воды.

Призрак подумал.

— Не понимаю, — сказал он.

— Послушай, — сказал Дух. — Когда-то ты был ребенком. Когда-то ты знал, для чего существуют вопросы. Вернись в детство, это и сейчас возможно.

— Когда я стал взрослым, я оставил детские глупости.

— И ошибся. Жажда — для воды, вопрос — для ответа. То, для чего создан разум, так же похоже на твою игру ума, как таинство брака на онанизм.

— Ты потерял всякое благоговение, но от непристойностей меня избавь! Что же до сути, твоя гипотеза подходит лишь к фактам. Философские и религиозные проблемы — на другом уровне.

— Здесь нет религии. Здесь — Христос. Здесь нет философии. Иди, смотри и увидишь Того, Кто реальней всех фактов.

— Я решительно возражаю. Мы не имеем оснований относить Бога к области фактов. Высшее Благо — это еще корректное обозначение, но «факт»...

— Ты что, даже не веришь, что Он есть?

— Есть? Что значит «быть»? К этим великим тайнам нельзя подходить так грубо. Если бы что-нибудь такое «было» (дорогой мой, зачем же перебивать!), я бы, честно говоря, не заинтересовался. В этом не было бы религиозной значимости. Для меня Бог — чисто духовен. Так сказать, дух сладости, света, терпимости и служения, Дик, служения. Мы не должны забывать об этом.

— Значит, разум твой уже не жаждет... — проговорил Дух. — Вот что, радости ты хочешь?

— Радость, дорогой мой, — кротко пояснил Призрак, — неразрывно связана с долгом. Когда ты станешь старше, ты это поймешь. Да, кстати, чуть не забыл! Не могу я с тобой идти, у меня в пятницу доклад. У нас ведь есть богословский кружок. Как же, как же... интеллектуальная жизнь, я бы сказал, бьет ключом. Быть может, не самого высокого уровня... Изменились все, плохо соображают. И склоки у них вечно... Не знаю уж почему... Не владеют, что ли, собой. Что поделаешь, слаб человек! Но пользы я могу принести много. Хоть бы спросил, о чем у меня доклад! Как раз в твоем вкусе. Я хочу осветить одну неточность. Люди забывают, что Христос (тут Призрак слегка поклонился) умер довольно молодым. Живи он подольше, он бы перерос многое из того, что сказал. А он бы жил, будь у него побольше такта и терпимости. Я предложу слушателям прикинуть, какими были бы его зрелые взгляды. Поразительно интересная проблема! Если бы он развился во всю силу, у нас было бы совершенно другое христианство. В завершение я подчеркну, что в этом свете Крест обретает несколько иной смысл. Только тут начинаешь понимать, какая это потеря... Такие обещания — и не сбылись! Куда же ты? Ну что ж, пойду и я. Очень был рад тебя встретить. Интересно поговорили... Будит мысль... Всего хорошего, дорогой, всего хорошего, всего хорошего!

Призрак кивнул, улыбнулся Духу сладкой клерикальной улыбкой — насколько он мог улыбаться призрачными губами — и ушел, что-то бормоча. Я не долго следил за ним взглядом. Если трава тверда как камень, подумал я, нельзя ли тут ходить по воде? Я тронул воду ногой, вода была твердой, и я пошел по ней. Сперва я несколько раз упал — я забыл, что она движется. Когда я как следует приспособился, меня уже несло вниз по течению. И все же я продвигался вверх, только очень медленно.

Ногам моим стало легче от нежного и прохладного прикосновения сверкающей воды. Я шел по ней меньше часа и продвинулся метров на двести. Потом идти стало труднее, течение ускорилось. Большие, как островки, клочья пены неслись мне навстречу, и я поминутно уворачивался, чтобы они, точно камни, не сломали мне ногу. Да и сама поверхность воды стала неустойчивой, пошла какими-то ямками и завихрениями, камушки на дне уже не были видны, а меня так швыряло, что пришлось выползти на берег. Где-то за лесом раздавался громкий и радостный грохот. Что это такое, я узнал позже, когда обогнул излучину реки.

Я увидел зеленые склоны, спускающиеся амфитеатром к озеру, в которое с многоцветной скалы падал водопад. Мне снова показалось, что мои чувства воспринимают то, чего раньше не воспринимали. На земле я не охватил бы взором такого водопада, а грохот его оглушил бы все и вся на двадцать миль вокруг. Здесь я удивился и вздрогнул — но принял и грохот, и самый вид, как принимает корабль большую волну. Грохот походил на хохот великана, вернее, ощущение было такое, словно целый класс великанов-мальчишек хохотал, плясал, пел и ревел, радостно трудясь над чем-то.

Недалеко от того места, где водопад срывался в озеро, росло большое дерево. Брызги воды и пены переливались на нем, сотни птиц мелькали среди листвы, а листья были огромны, как вечернее облако. Откуда ни взгляни, сквозь зелень просвечивали золотые плоды.

Вдруг я заметил, что внизу что-то шевелится. Поначалу мне показалось, что ожил куст боярышника, потом я увидел, что у куста кто-то есть, наконец я разглядел, что это — один из призраков. Он пригибался, словно прятался от кого-то, и делал мне знаки, кажется, хотел, чтобы я пригнулся. Но я не понимал, в чем опасность, и стоял прямо.

Призрак огляделся как следует и, убедившись, что никого нет, кинулся к другому дереву. Бежать он не мог, трава мешала, но торопился изо всех сил. У дерева он встал, прижавшись к стволу, будто ища защиты. Теперь я разглядел его лучше и понял, что он тот пассажир в котелке, которого высокий Призрак звал Айки. Он постоял, отдышался, перебежал к третьему дереву. Не прошло и часа, как он достиг яблони. Точнее, он застрял метрах в десяти от нее.

Тут он остановился прочно — он не мог одолеть окружавших дерево лилий. Ступать по ним ему было не легче, чем по противотанковым заграждениям. Тогда он лег и попытался проползти между ними, но они росли плотно и не раздвигались ни за что. Призрак очень боялся, как бы его не увидели. При каждом шорохе, при каждом дуновении ветерка он замирал и пригибался, а когда закричала птица, он пополз было назад, но одумался и снова стал продвигаться к большому дереву. Он просто корчился оттого, что это у него не получалось.

Ветер стал сильнее. Призрак отдернул руку и сунул в рот палец — должно быть, лилия ударила его. Потом сильный порыв ветра налетел на дерево, ветви заметались, яблоки посыпались на траву и на несчастного Призрака. Я думал, что его совсем пришибло; действительно, он лежал минуты две и тихо стонал. Однако потом он снова взялся за дело — он пытался засунуть яблоко в карман. Конечно, это ему не удавалось, и он постепенно снижал свои требования. Сперва он решил ограничиться двумя яблоками, потом одним, самым большим, потом стал искать такое, которое влезло бы в карман.

Как ни странно, это ему удалось. Я вспомнил, сколько весит листок, и восхитился его упорством. Несчастный Призрак поднялся, держа свое яблоко. Он припадал на одну ногу и сутулился — яблоко пригибало его к земле. Однако он упорно, дюйм за дюймом, продвигался к автобусу по своему крестному пути.

— Глупец! Положи его, — сказал кто-то.

Такого голоса я не слышал никогда. Он был оглушительно громким и в то же время журчащим. Я понял, что говорит водопад, и увидел, что это — и водопад, и светоносный ангел, как бы распятый на скале.

— Глупец! — повторил он. — Положи. Ты его не донесешь. Да оно и не вместится в ад. Останься тут, научись есть такие яблоки. Листья и трава — и те будут рады тебя научить.

Не знаю, слышал ли это Призрак. Он приостановился и снова двинулся в путь с превеликим трудом и превеликой опаской. Больше я его не видел.

На муки Призрака я глядел довольно благодушно, когда же он исчез, я понял, что мне не вынести водопадного ангела. Он, по всей видимости, меня не замечал, но сам я сильно смутился и постарался как можно небрежней двинуться дальше по течению вниз. Глядя на серебряных рыбок, шнырявших на дне, я жалел, что вода для меня непроницаема. Мне бы не мешало выкупаться.

— Назад не собираетесь? — услышал я, обернулся и увидел высокого Призрака. Он стоял под деревом и сосал призрачную сигару. Волосы у него были седые, голос — хриплый, но культурный. Таким людям я всегда доверял.

— Не знаю, — отвечал я. — А вы?

— Собираюсь, — сказал он. — Больше тут видеть нечего.

— Значит, остаться не хотите?

— Ах, все это пропаганда! — сказал он. — Никто и не думал, что мы останемся. Яблоки эти не укусишь, воды не выпьешь, по траве не пройдешь. Человек тут жить не может. Все одна реклама.

— Зачем же вы ехали?

— Сам не знаю. Так, поглядеть. Люблю, знаете ли, сам все увидеть. Когда путешествовал по Востоку, специально заехал в Пекин...

— Какой же он?

— Ах, ерунда! Ловушка для туристов. Где я только не побывал! Ниагару видел, пирамиды, Солт-Лейк-Сити, Тадж-Махал...

— Какие они?

— Чепуха на постном масле. Реклама... И заметьте, все одна шайка! Концерн у них такой. Возьмут атлас и ткнут пальцем: тут будет достопримечательность. Что ни выберут, все сойдет. Реклама!

— А там... э-э... в городе... вы жили?

— В так называемом аду? Жил. То же самое, голову морочат. Расписали: черти, знаменитые люди жарятся, какой-нибудь Генрих VIII... А прибудешь туда — город как город...

— Мне здесь больше нравится, — вставил я.

— Не понимаю, что тут особенного, — не сдавался Призрак. — Обыкновенный парк, только неудобный.

— Говорят, если останешься, привыкнешь... Уплотнишься, что ли...

— Знаем, знаем, — сказал Призрак. — Не верьте. Мне всю жизнь это твердили. Когда я был маленький, они обещали — будешь хорошим, будешь счастлив. Когда пошел в школу, они обещали — зубри латынь, потом легче будет. Когда я женился, какой-то кретин пообещал мне, что нелегко только поначалу, а терпение и труд все перетрут. Вот и здесь то же самое, только я им не дурак!..

— Кому это «им»? Тут вроде бы не то, что там, при жизни.

— И чему вы только верите! Нового начальства не бывает. Все одна банда. Я-то помню, как ангел-мамочка придет и все из тебя вытянет, а потом как-то узнает злодей отец. Вы что, не знаете? Они все в сговоре — и евреи, и Ватикан, и диктаторы, и демократы. Что тут, что в городе, все равно начальство одно. Сидят себе, над нами смеются.

— Я думал, они враждуют...

— Да что ж вам еще и думать? Официальная версия. Знаю, знаю, так они сами говорят. Но вы скажите, почему они ничего не делают? Почему эти, здешние, не нападут на город? Они сильнее. Если бы они хотели, они бы в два счета освободили нас. Сами видите — им выгодно, чтобы все шло, как идет.

Возразить мне было нечего, хотя такая версия не порадовала меня.

— Да и вообще, — продолжал Призрак, — что нам тут делать?

— А что делать там? — спросил я.

— Вот именно, — сказал Призрак, — что так, что этак.

— Ну а сами вы что бы сделали на их месте? — поинтересовался я.

Призрак обрадовался.

— Хитрый какой! — воскликнул он. — Значит, на меня все свалил. Нет, они начальство, они пускай и думают. С какой это стати я буду за них работать? На этом нас и ловят всякие святоши. Твердят, чтобы мы менялись. А вы мне скажите: если они такие умные, такие важные, почему же они нам не предложат чего-нибудь получше? Видите ли, ноги у нас окрепнут на ихней траве! Как бы не так! Вот я вам пример приведу: приезжаете вы в гостиницу, и вам подают тухлые яйца. Вы идете к начальству, а они, чем выгнать повара, говорят: «Ничего, привыкнете!» Что вы запоете?

Призрак помолчал немного.

— Ну, я пошел, — сказал он. — А как вы?

— Зачем мне идти, если всюду одно? — печально спросил я. Мне стало очень тоскливо. — Здесь хоть дождя нет.

— Сейчас нет, — отвечал упорный Призрак. — Но я еще не видел, чтобы в такое вот утро не полил дождь. Да, это уж будут капельки! Продырявят, как пули!.. Такая шуточка, видите ли. Сперва измочалят этими травами и речками, а потом изрешетят. Ну, со мной это не пройдет.

И он удалился.

Я сидел на камне у реки и грустил, как никогда в жизни. До сих пор я не сомневался, что здесь хотят призракам добра. Я не думал, что здешние обитатели могли бы помочь жителям серого города и отправиться туда, а не просто выходить им навстречу. Теперь я все понял. Никакого добра они не хотят. Всю эту экскурсию они подстроили, чтобы посмеяться над бедными призраками. Страшные мифы и доктрины припомнились мне. Я вспомнил, как издевались боги над несчастным Танталом. Я вспомнил строки Откровения о тех, кто будет мучим в огне и сере перед святыми ангелами. Что же до слов о дожде, тут возразить было нечего. Даже если с веток посыплется роса, мне придется плохо. Раньше я об этом не подумал. В меня чудом не попали брызги воды!

С той минуты, как я вышел из автобуса, мне было страшновато, теперь же мне стало страшно. Я поглядел на деревья, цветы, говорящий водопад, и они показались мне на редкость мрачными. Повсюду летали пестрые бабочки, и я понял, что каждая из них способна пробить меня насквозь, а если сядет мне на голову, раздавит в лепешку. Страх шептал мне: «Тебе тут не место». Вспомнил я и о львах.

Не зная толком, что делать, я пошел от реки туда, где гуще росли деревья. Я не решил, вернуться ли мне в автобус, но хотел, от греха подальше, уйти с открытых мест. Если бы я убедился, что Призрак может остаться и все это — не жестокий розыгрыш, я бы никуда не шел. Осторожно оглядываясь, я за полчаса добрался до поляны, на которой росли цветущие кусты. Я остановился, не решаясь ее пересечь, и обнаружил, что я не один.

По траве с превеликим трудом ковылял еще один призрак. Он поминутно оглядывался, словно боялся погони. Наконец я разглядел, что это женщина, и весьма элегантная, хотя на просвет одежда ее выглядела как-то гнусно. Она жалась к кустам. Спрятаться в куст она не могла, ветки и листья не пустили бы ее, но явно хотела. Она от кого-то пряталась.

Раздались шаги, и я увидел одного из светлых духов. Собственно, только их шаги и можно было услышать, призраки ступали бесшумно.

— Уходите! — вскричала Призрачная Дама. — Уходите! Вы что, слепой?

— Вам трудно, — сказал Дух. — Я хотел вам помочь.

— Если у вас еще осталась хоть капля порядочности, — причитала Дама, — уходите!

Не нужна мне ваша помощь. Как вам не стыдно! Оставьте меня одну! Вы же знаете, я не могу убежать от вас по этим шипам!

— А, вон что! — откликнулся Дух. — Ничего, скоро вы привыкнете. Только вы идете не туда. Вам надо вон туда, к горам. Обопритесь на мою руку. Нести я вас не смогу, но вы повисните на мне как следует, и вам станет легче. Не так больно.

— Я боли не боюсь, сами знаете!

— Тогда в чем же дело?

— Вы что, полный идиот? Как же я покажусь в таком виде?

— А что?

— Я бы вообще не поехала, если бы знала, что вы все так одеты.

— Друг мой, я совсем не одет.

— Я не о том. Ах, уйдите вы!

— Почему вы не хотите мне объяснить?

— Что вам объяснять, если вы сами не поняли? Вы тут... ну... непрозрачные... А сквозь меня все видно.

— Да мы тоже были вроде вас. Это пройдет.

— Они меня увидят!

— Ну и что?

— Я лучше умру!

— Вы и так умерли, куда ж еще?

Дама не то фыркнула, не то всхлипнула.

— Лучше бы мне не родиться... — снова запричитала она. — Ох, зачем мы приходим на свет?

— Чтобы обрести радость, — ответил Дух. — Попытайтесь. Начните.

— Да сказано вам, они меня увидят!

— Через час вам будет все равно. Через десять часов вы над этим посмеетесь. Помните, на земле бывало — чай горячий, просто палец обваришь, а пить его можно? Так и стыд. Примите его, выпейте чашу, и вам станет легче. Если же не примете, боль не пройдет.

— Нет, правда?.. — начала Дама и замолчала. Я чувствовал, что вся моя судьба зависит от ее слов. Мне захотелось упасть перед ней и молить, чтобы она согласилась.

— Да, — сказал Дух. — Проверьте сами.

Она шагнула раза два, но вдруг завизжала: «Не могу! Надо предупреждать! Ах, уходите же, уходите!»

— Друг мой, — сказал терпеливый Дух, — не могли бы вы подумать о чем-нибудь, кроме себя?

— Я все сказала, — холодно, хотя и слезливо промолвила Дама.

— Что ж, остается одно, — сказал Дух и, к большому моему удивлению, затрубил в трубу. Я зажал уши. Земля затряслась, лес зашумел и закачался. Почти сразу — а может, и сразу — я услышал цокот копыт. Я кинулся в сторону, но спрятаться не успел. Стадо единорогов ворвалось на поляну. Меньший из них был больше слона, глаза их и ноздри пламенели багрянцем, грива сверкала лебединой белизной, рога были ослепительно синие. Я запомнил навсегда, как ржали единороги на бегу, как откидывали задние ноги и низко наклоняли головы, словно хотели рогом поразить врага. Дама завизжала во всю силу и отскочила от куста. Может быть, она кинулась к Духу, но я этого не видел. У меня потемнело в глазах, и я не узнал никогда, чем кончилась беседа.

— Куда ты идешь? — спросил меня кто-то с сильным шотландским акцентом. Я остановился. Топот копыт давно умолк вдали, а я, спасаясь от единорогов, добежал до широкой долины и увидел горы, из-за которых всходило и не могло взойти солнце. Неподалеку, у покрытого вереском холмика, росли три сосны, а под ними лежали большие плоские камни. На одном из камней сидел высокий человек, почти великан, с длинной бородой. Я еще не разглядел, какие у здешних людей лица, а сейчас понял, что они вроде бы двойные. Передо мной было божество, чисто духовное создание без возраста и порока. И в то же время я видел старика, продубленного дождем и ветром, как пастух, которого туристы считают простаком, потому что он честен, а соседи по той же самой причине считают мудрецом. Глаза у него были зоркие, словно он долго жил в пустынных местах, и я почему-то догадался, что их окружали морщины, пока бессмертие не умыло его лица.

— Не знаю, — ответил я.

— Тогда посиди со мной, — сказал он. — Поговорим. — И он подвинулся, чтобы дать мне место на камне.

— Мы не знакомы, — смутился я.

— Меня зовут Джордж, — сообщил он. — Джордж Макдональд.

— О Господи! — закричал я. — Значит, вы мне и скажете. Уж вы-то не обманете меня.

Сильно дрожа, я стал объяснять ему, что значит он для меня. Я пытался рассказать, как однажды зимним вечером я купил на вокзале его книгу (мне было тогда шестнадцать лет) и она сотворила со мной то, что Беатриче сотворила с мальчиком Данте — для меня началась новая жизнь. Я сбивчиво объяснял, как долго эта жизнь была только умственной, не трогала сердца, пока я не понял наконец, что его христианство не случайно. Я заговорил о том, как упорно отказывался видеть, что имя его очарованию — святость, но он положил мне руку на плечо.

— Сынок, — сказал он, — мне ли не понять твою любовь и всякую любовь? Но мы сбережем время (тут он стал с виду истинным шотландцем), если я тебе скажу, что я все это знаю. Я давно заметил, что память тебя немного подвела. Лучше спроси меня, о чем хотел.

— Я уже не хочу, — сказал я. — Мне уже не страшно, хотя и любопытно. Скажите, хоть кто-нибудь остался? Могут они остаться? Есть у них выбор? Зачем они едут сюда?

— Неужели ты не слышал о refrigerium? Такой ученый человек мог бы прочитать об этом у Пруденция или у Иеремии Тейлора.

— Слово я как будто встречал, но не помню, что оно значит.

— Оно значит, что у погибших душ бывают каникулы, перемены, экскурсии, если хочешь...

— Экскурсия в рай?

— Да. Для желающих. Конечно, они, по глупости, редко того желают. Их больше тянет на землю. Там они морочат голову бедным дурачкам, которых вы зовете медиумами, или подглядывают за своими детьми, или таскаются по библиотекам, смотрят, есть ли спрос на их книги.

— А здесь они могут остаться?

— Могут. Вот император Траян остался у нас.

— Как же так? Разве приговор не окончательный? Разве из ада можно перейти в рай?

— Это зависит от того, что ты вкладываешь в это слово. Если душа покидает серый город, значит, он был для нее не адом, а чистилищем. Да и здесь, где мы сидим, еще не рай, не самый рай, понимаешь? Это скорее преддверие жизни, но для тех, кто останется, это уже рай. А серый город — преддверие смерти, но для тех, кто не ушел оттуда, это — ад, и ничто другое.

Видимо, он понял, что я озадачен, и заговорил снова:

— Сынок, тебе сейчас не понять вечности. Давай сравним это с земной жизнью, там ведь то же самое. Когда добро и зло созреют, они обретают обратную силу. Не только эта долина, вся прошлая жизнь — рай для спасенных. Не только тот город, но и вся жизнь — ад для погибших. Люди на земле этого не понимают. Они говорят о временном страдании: «Этого ничто не изгладит» — и не знают, что блаженство окрасит и преобразит все прошлое. Они говорят о греховной усладе: «Я согласен на любую цену» — и не ведают, что погибель обращает в боль усладу греха. И то и это начинается в земной жизни. Прошлое святого преображается — раскаянный грех и ушедшая скорбь окрашиваются красками рая. Прошлое нечестивца уходит во мрак. Вот почему, когда здесь взойдет солнце, а там, внизу, настанет ночь, блаженные скажут «мы всегда были в раю», погибшие — «мы всегда были в аду». И никто не солжет.

— Разве это не жестоко?

— Погибшие скажут не точно так, слова будут иные. Один скажет, что он служил своей стране, права она была или нет, другой — что он все отдал искусству... Третий, прости его, Господи, что он слушался начальства, и все — что они были верны себе.

— А блаженные?

— Ну, блаженные... Помнишь мираж? У них все наоборот. Они думали, что идут пустыней, юдолью скорби, и вдруг видят, что это был сад, где бьет животворный родник.

— Значит, правы те, кто говорит, что рай и ад существуют лишь в сознании?

— Что ты! Не кощунствуй. Ад, оно верно, — в сознании, верней не скажешь, и если мы сосредоточимся на том, что в сознании, то скорее всего очутимся в аду. Но рай не в сознании. Рай реальней реального. Все, что реально, от рая. Все тленное истлеет, осыпется, только сущее пребудет.

— Неужели можно выбирать после смерти? Мои друзья-католики удивятся — для них ведь души чистилища уже спасены. Удивятся и протестанты — для них ведь смерть закрывает выбор.

— Быть может, и те и другие правы. Не мучай себя такими мыслями. Ты не поймешь соотношения между временем и выбором, пока не выйдешь за их пределы. Не для того ты послан сюда. Тебе нужно понять, как происходит выбор, а это ты поймешь, если будешь смотреть.

— Мне и тут не все ясно, — сказал я. — Что именно выбирают те, кто не остался? Честно говоря, я других пока не видел.

— Мильтон был прав, — сказал мой учитель. — Всякая погибшая душа предпочтет власть в аду служению в раю. Она что-нибудь да хочет сохранить ценою гибели, что-нибудь да ценит больше радости, то есть больше правды. Вспомни — испорченный ребенок скорее останется без обеда, чем попросит прощения. У детей это зовется капризами, у взрослых этому есть сотни имен — гнев Ахилла, горечь Кориолана, достоинство, уважение к себе.

— Значит, никто не погиб из-за низких грехов? Скажем, из-за похоти?

— Нет, бывает... Человек чувственный гонится поначалу за ничтожным и все же реальным наслаждением. Его грех — самый простительный. Но время идет, наслаждается он все меньше, стремится к этому все больше. Он знает, что надеяться не на что, и все-таки жертвует покоем и радостью, чтобы кормить ненасытную похоть. Понимаешь, он вцепился в нее мертвой хваткой.

Учитель помолчал немного, потом опять заговорил.

— Ты увидишь, они выбирают по-всякому. На земле и представить себе нельзя, что тут встречается. Был у нас недавно один ученый человек. Там, в земной жизни, его интересовала только жизнь загробная. Поначалу он размышлял, потом подался к спиритам. Он бегал на эти сеансы, читал лекции, издавал журнал. И ездил — выспрашивал тибетских лам, проходил какие-то посвящения в глубинах Африки. Он все искал доказательства, он ими насытиться не мог. Если кто думал о другом, он бесился. Наконец он умер и пришел сюда. Думаешь, он успокоился? Ничуть. Здесь все просто жили загробной жизнью, никто ею не занимался. Доказывать было нечего. Он остался не у дел. Конечно, признай он, что спутал средство с целью, посмейся он над самим собой — все бы уладилось. Но он не хотел. Он ушел в тот город.

— Как странно!.. — сказал я.

— Ты думаешь? — И учитель зорко посмотрел на меня. — А ведь это есть и в тебе. Немало на свете людей, которым так важно доказать бытие Божие, что они забывают о Боге. Словно Богу только и дела, что быть! Многие так усердно насаждали христианство, что и не вспомнили о словах Христа. Да что там, так бывает и в мелочах. Ты видел книголюбов, которым некогда читать, и филантропов, которым не до бедных. Это — самая незаметная из всех ловушек.

Мне захотелось поговорить о чем-нибудь другом, и я спросил, почему здешние люди, если они такие добрые, не пойдут в тот город спасти призраков. Почему они просто выходят навстречу? Казалось бы, от них можно ожидать более деятельной любви.

— Ты и это потом поймешь, — отвечал он. — Пока что скажу, что они и так прошли навстречу призракам гораздо больше, чем ты думаешь. Мы прерываем странствие и возвращаемся ради одной надежды на их спасение. Конечно, это нам в радость, но дальше идти бесполезно. Здоровый человек не спасет безумца, если сойдет с ума.

— А как же те, кто в автобус не влез?

— Каждый, кто хочет, влезает. Не бойся. Есть только два вида людей — те, кто говорит Богу: «Да будет воля Твоя», и те, кому Бог говорит: «Да будет твоя воля». Все, кто в аду, сами его выбрали. Ни одна душа, упорно и честно жаждущая радости, туда не попадет. Алчущие насытятся. Стучите, и отворят вам.

Тут беседу нашу прервал тонкий голос, говоривший с неописуемой скоростью. Мы оглянулись и увидели двух женщин, призрачную и светоносную. Говорила призрачная, а ее спутница никак не могла вставить слово.

— Ах, душенька, я просто извелась, — тараторила Дама-Призрак, — сама не знаю, как я вырвалась. Мы собрались ехать к вам с Элинор, условились, я ей сто раз сказала: «На углу Большой Клоачной», я ведь ее знаю, никак не вдолбишь, а перед домом этой мерзавки... ну, Марджори Бенкс... я стоять не намерена... она со мной так обошлась... ужас... я дождаться не могла, когда тебе расскажу... ты-то поймешь, что я была права... я попыталась с ней вместе жить, мы туда вместе прибыли, все обговорили, она стряпает, я веду дом... казалось бы, тут уж можно отдохнуть... но с ней что-то случилось, она абсолютно, совершенно ни с кем не считается... в общем, я сказала: «Вы свое отжили, а мне сюда попадать рано...» Ах, ведь ты не знаешь, я забыла... меня убили, буквально зарезали... да, да... Он не хирург, а коновал... мне бы еще жить да жить... в этой чудовищной больнице меня заморили голодом... и никого там не дозовешься, а я...

Призрачная дама отошла так далеко, что больше я ничего не услышал, терпеливая спутница ушла вместе с ней.

— Что ты задумался, сынок? — спросил учитель.

— Я расстроился, — отвечал я. — Мне кажется, ей не за что гибнуть. Она не плохая, просто глупая, говорливая, старая и привыкла ворчать. Ей бы заботы и покоя, она бы и стала лучше.

— Да, она была такой, как ты говоришь. Может, она и сейчас такая. Тогда она вылечится, не бойся. Тут все дело в том, сварливый ли она человек.

— А какой же еще?

— Ты не понял. Дело в том, сварливый она человек или одна сварливость. Если остался хоть кусочек человека, мы его оживим. Если осталась хоть одна искра под всем этим пеплом, мы раздуем ее в светлое пламя. Но если остался один пепел, дуть бесполезно, он только запорошит нам глаза.

— Как же может быть сварливость без человека?

— Потому и трудно понять ад, что понимать почти нечего, в прямом смысле слова. Но и на земле так бывает. Давай вспомним: сперва ты злишься, и знаешь об этом, и жалеешь. Потом, в один ужасный час, ты начинаешь упиваться злобой. Хорошо, если ты снова жалеешь. Но может прийти время, когда некому жалеть, некому даже упиваться. Сварливость идет сама собой, как заведенная. Ну, хватит об этом. Ты здесь, чтобы слушать и смотреть. Обопрись на мою руку, и пойдем погуляем.

Я словно вернулся в детство, когда меня водили за руку. Идти и впрямь стало легче, настолько легче, что я порадовался тому, как укрепились мои ноги, пока не взглянул вниз и не увидел, какие они прозрачные. Наверное, и чувства мои обострились только потому, что учитель был со мной. Я различал новые запахи, крохотные цветы в траве, оленя за деревьями. К учителю подошла пантера и потерлась, громко мурлыкая, о его ногу.

Видели мы и призраков. Самым жалким из них была женщина, прямо противоположная той, с единорогами. Она как будто и не понимала, что просвечивает насквозь. Сперва я никак не мог догадаться, что она делает, зачем извивается всем своим почти невидимым телом и так гримасничает прозрачно-серым лицом. Потом до меня дошло, что она, как ни странно, пытается обольстить кого-нибудь из духов. По-видимому, она и не знала, что бывает другой вид общения. Наконец она кинула: «Ну и кретины!» — и побрела к автобусу.

Я спросил учителя про единорогов.

— Может, и помогло, — ответил он. — Ты прав, он хотел ее напугать — не потому, что страх полезен (он вреден), а потому, что она без этого не могла и на секунду забыть о себе.

Встретили мы и призраков, которые явились лишь затем, чтобы поведать об аде.

Таких было больше всего. Одни (наверное, из нас, преподавателей) собирались читать тут лекции и привезли массу карточек, карт и таблиц, а один — даже диапозитивы. Другие припасли анекдоты о знаменитостях, которых они встречали там, внизу. Третьи, самые многочисленные, просто считали, что они выше здешних, потому что много перенесли. Все были заняты собой и о здешней жизни слушать не хотели. Они никому не давали сказать ни слова, а убедившись, что их не слушают, уходили к автобусу.

Как оказалось, их желание рассказать об аде — только разновидность желания расширить ад, перенести его сюда, на Небо. Были тут призраки важные, призывавшие блаженных вырваться на волю из душной тюрьмы. Были призраки деловитые, предлагавшие перекрыть реку, срубить деревья, перебить зверей, построить железную дорогу и залить асфальтом дурацкую траву, вереск и мох. Были призраки-материалисты, сообщавшие, что загробной жизни нет, а здесь — одни миражи. Были и простые старомодные привидения, пытавшиеся хоть кого-нибудь напугать. Я удивился, но учитель объяснил мне, что и на земле многие пугают, чтобы самим не пугаться.

Видел я и совсем удивительных призраков, которые одолели огромные расстояния до остановки только для того, чтобы сообщить, как они презирают радость. И не то перетерпишь, лишь бы сказать в лицо этим ханжам, этим святошам, этим чистюлям, этим слюнтяям, этим бабам, что им на них наплевать!

— Как же они сюда проникли? — спросил я.

— Именно такие нередко остаются, — отвечал учитель. — Те, кто ненавидит добро, ближе к нему, чем те, кто о нем не думает, или те, кто считает, что оно у них в кармане.

— Эй, гляди! — сказал учитель.

Мы стояли у каких-то кустов, и я увидел за ними, как встретились еще один призрак и светлый дух. Сперва мне показалось, что призрака я вроде знаю, но потом я понял, что я просто видел на земле его фотографию. Он был знаменитым художником.

— Господи! — воскликнул он, оглядевшись.

— Ты хочешь о чем-то Его попросить? — сказал Дух.

— То есть как это? — не понял Призрак.

— Ты же Его позвал.

— А, вон что!.. Да нет, я хотел сказать: «Черт!..» Или что-нибудь такое. В общем... ну, сами понимаете... хорошо бы все это написать.

— Ты сперва погляди.

— Что, у вас писать не разрешают?

— Нет, пожалуйста, только лучше сперва посмотреть.

— Да я смотрел. Видел, что надо. Ах, этюдника не захватил!

Дух покачал головой, сверкая волосами.

— Тут это ни к чему, — сказал он.

— В каком смысле? — спросил Призрак.

— Когда ты писал на земле — верней, когда ты начал писать, — ты ловил отблески рая в том, что видел. Если тебе удавалась картина, их видели и другие. А тут и так рай. Отсюда отблески и шли. Нам незачем рассказывать о нем, мы его видим.

— Значит, у вас писать незачем?

— Нет, писать можно и у нас. Когда ты станешь таким, каким тебя Бог задумал (ничего, мы все это прошли), ты увидишь то, что дано увидеть только тебе, и тебе захочется с нами поделиться. А сейчас — рано. Сейчас — гляди.

Оба помолчали. Наконец Призрак вяло произнес:

— Очень буду рад...

— Что ж, идем, — сказал Дух. — Обопрись на мою руку.

— А мне скоро разрешат писать? — спросил Призрак.

Дух засмеялся.

— Ну, если ты об этом думаешь, тебе вообще писать не удастся, — сказал он.

— То есть как?

— Если ты смотришь только для того, чтобы писать, ты ничего не увидишь.

— А для чего художнику еще смотреть?

— Ты забыл, — сказал Дух. — Ты сам начал не с этого. Твоей первой любовью был свет, и ты начал писать, чтобы показать его другим.

— Ах, когда это было, — отмахнулся Призрак. — С тех пор я вырос. Вы, конечно, видели мои последние работы. Меня интересует живопись сама по себе.

— Да, и мне пришлось от этого лечиться. Если бы не благодать, каждый поэт, музыкант и художник ушел бы от первой любви в самые глубины ада. Понимаешь, никто не останавливается на искусстве ради искусства. Потом уже любят одного себя, свою славу.

— Кто-кто, а я... — обиделся Призрак.

— Вот и хорошо, — сказал Дух. — Мало кто из нас мог это сказать, когда сюда явился. Но это ничего. Это воспаление исцеляет наш источник.

— Какой источник?

— Там, в горах. Он холодный и чистый. Когда из него напьешься, забываешь, кто написал картину, ты или не ты. Просто радуешься. Не гордишься, не скромничаешь, а радуешься.

— Великолепно... — откликнулся Призрак без должного пыла.

— Что ж, идем, — сказал Дух, и они прошли несколько шагов.

— Здесь есть интересные люди? — спросил Призрак.

— Да, — сказал Дух, — здесь все интересны друг другу.

— М-м... я, собственно... я имел в виду наших. Увижу я Моне? Увижу Сезанна? Увижу...

— Наверное, если они у нас.

— А вы что ж, не знаете?

— Конечно, нет. Я тут недавно. Как их встретишь? Нас, художников, здесь много.

— Они не просто художники! Они знаменитости.

— Какие тут знаменитости! Как ты не поймешь? Здесь, у нас, все — в славе.

— Вы хотите сказать, что у вас нет известных людей?

— Все известны. Всех знает, всех помнит, всех узнает Единственный, Кто судит верно.

— А, да, в этом смысле, — совсем опечалился Призрак.

— Идем, идем, — сказал Дух, так как новоприбывший вроде бы упирался.

— Что ж, награда наша — слава среди потомков, — проговорил Призрак.

— Ты что, не знаешь? — удивился Дух.

— О чем?

— О том, что нас с тобой никто не помнит на земле.

— То есть как?! — И Призрак вырвал руку. — Значит, эти чертовы неорегионалисты взяли верх?

— Ну конечно! — радостно ответил Дух. — Ни за твою, ни за мою картину и пяти фунтов не дадут. Мы вышли из моды.

— Пустите меня! — возопил Призрак. — В конце концов, у меня есть долг перед искусством! Я напишу статью. Я выпущу манифест. Мы начнем издавать газету. Пустите, мне не до шуток!

И, не слушая Духа, Призрак исчез.

Слышали мы и такой разговор.

— Нет, нет, об этом и речи быть не может! — говорила еще одна Призрачная дама Светлой женщине. — И не подумаю остаться, если надо с ним встретиться. Конечно, как христианка я его прощаю. А большего не проси. И вообще, как он тут очутился? Хотя это дело ваше...

— Ты его простила, — начала Женщина, — значит...

— Простила как *христианка,* — уточнила еще раз Дама. — Но есть вещи, которых забыть нельзя.

— Я не понимаю, — снова начала Женщина.

— Вот именно! — Дама горько усмехнулась. — Ты уж поймешь! Помню, ты вечно твердила, что Роберт ни на что плохое не способен. Нет, нет, помолчи хоть минуту!.. Ты и не представляешь, что я вынесла с твоим Робертом. Я из него человека сделала! Я ему жизнь отдала! А он? Эгоизм, сплошной эгоизм. Нет, ты слушай, когда я за него вышла, он получал сотен шесть. И до смерти бы их получал — да, Хильда! — если бы не мои заботы. Я его буквально тащила за руку. У него абсолютно нет честолюбия, его тащить — как мешок с углем. Я его силой заставила поступить на другую работу. Мужчины такие лентяи... можешь себе представить — он говорил, что не может работать больше тринадцати часов в день! А я что, меньше работала? У меня все часы — рабочие, да. Я его весь вечер подгоняла, а то, дай ему волю, он бы завалился в кресло и сидел. От него помощи не дождешься. Иногда он меня просто не слышал. Хоть бы из вежливости... Он забыл, что я Дама, хотя и вышла замуж за *него*. День и ночь я билась, чтобы ему угодить. Я часами расставляла цветы в этой дыре, а он? Нет, ты не поверишь! Говорил, чтобы я не ставила их на письменный стол. Он чуть не взбесился, когда я опрокинула вазу на его писанину. Он, видите ли, хотел книгу написать... Куда ему! Ну, я дурь из него выбила. Нет, Хильда, ты слушай. А гости! Он все норовил уйти к этим своим «друзьям». Я-то знала, я-то сразу поняла, что от его друзей мало толку. И я сказала: «Роберт! Твои друзья — это мои друзья. Мой долг — принимать их здесь, как бы я ни устала и как бы мы ни были бедны». Да, казалось бы, ясно. Но они явились. Тут уж мне понадобился такт и такт. Умная женщина умеет вовремя сказать словечко. Я хотела, чтобы он увидел их на другом фоне. Им у меня было... не очень уютно. Бывало, смотришь и смеешься. Конечно, пока лечение не кончилось, и Роберту было не по себе. Но ведь для его же блага! И года не прошло, как всех его друзей разогнало.

Поступил он на новую службу. И что же ты думала? Он говорит: «Ну, теперь хоть оставь меня в покое!»... То есть как? Я чуть не кончилась. Я чуть не бросила его... но я человек долга. Как я над ним билась, чтобы перетащить его в просторный дом! И ничего, ни капли радости! Другой бы спасибо сказал, когда его встречают на пороге и говорят: «Вот что, Боб, обедать нам некогда.

Надо идти смотреть дом. За час управимся!» А он! Истинное мучение... К этому времени твой драгоценный Роберт ничем не интересовался, кроме еды.

Ну, притащила я его в новый дом. Да-да, сама знаю! Он для нас великоват, не совсем по средствам. Но я завела приемы! Нет уж, увольте, *его* друзей я не звала. Я звала нужных людей, для него же и нужных. Тут уж, всякому ясно, приходится быть элегантной. Казалось бы, чего ему еще? Но с ним просто сил не было, никаких сил! Постарел, молчит, ворчит... Скажи, зачем он сутулился? Я ему вечно твердила: распрямись! А с гостями? Все я, все я одна. Я ему сотни раз говорила, что он изменился к худшему. Я вышла замуж за живого, молодого человека, общительного, даровитого... Да... Я вечно спрашивала: «Что с тобой творится?» А он вообще не отвечал. Сидит, уставится на меня своими черными глазами (я просто возненавидела черноглазых мужчин) и ненавидит меня, да, теперь я знаю, ненавидит. Вот и вся благодарность.

Никаких чувств, ни капли нежности — а он ведь к тому времени занял очень приличное положение. Я ему вечно твердила: «Роберт, ты просто разлагаешься!» К нам ходили молодые люди — я не виновата, что я им интереснее, чем он! — так вот, они просто смеялись над ним, да, смеялись!

Я выполнила свой долг до конца. Я купила собаку, чтобы Роберт с ней гулял. Я каждый вечер звала гостей. Я возила его повсюду. Когда все было из рук вон плохо, я даже разрешала ему писать, вреда это уже не принесло бы. Что ж, я виновата, если у него случился этот криз? Моя совесть чиста. Я свой долг выполнила, да, мало кто его так выполнял. Теперь ты видишь, почему я не могу...

Нет, постой! Вот что, Хильда. Встретиться я с ним не хочу, то есть встретиться, и всё. Но я согласна о нем заботиться. Только вы уж не вмешивайтесь. Впрочем, времени тут много, чего-нибудь, может, и добьюсь... Один он не справится. Ему нужна твердая рука. Я его знаю лучше, чем ты. Что-что? Нет-нет, давай его сюда, слышишь? Мне так плохо! Мне нужно кого-то... э-э... опекать. Я там одна, никто со мной не считается! Роберта я переделаю! Это просто ужасно, вы все тут торчите, а толку от вас нет! Дайте его мне! Ему вредно жить по своей воле. Это нечестно, это безнравственно. Где мой Роберт?! Какое вы имели право его прятать! Я вас всех ненавижу! Как же я буду его переделывать, если вы нас разлучили?

И Призрачная дама угасла, как слабое пламя свечи. Секунду-другую в воздухе стоял неприятный запах, потом не осталось ничего.

Необычайно тяжелой была встреча между еще одной Призрачной дамой и Светлым духом, который, по-видимому, приходился ей братом на земле. Мы застали их, когда они только что увиделись. Дама говорила с явным огорчением:

— Ах, это ты, Реджинальд!

— Да, это я, — сказал Дух. — Я знаю, что ты не меня ждала, но ты обрадуйся и мне... Хоть ненадолго.

— Я думала, меня Майкл встретит, — сказала Дама и резко спросила: — Он хоть здесь?

— Он там, — отвечал Дух, — далеко в горах.

— Почему он меня не встретил? Ему не сообщили?

— Сестричка, ты не волнуйся... Он бы тебя не увидел и не услышал. Но скоро ты изменишься...

— Если ты меня видишь, почему мой собственный сын не увидит?

— Понимаешь, я привык, это моя работа.

— А, работа! — презрительно сказала Дама. — Вот оно что! Когда же мне разрешат на него взглянуть?

— Тут дело не в разрешении, Пэм. Когда он сможет разглядеть тебя, вы увидитесь. Тебе надо... поплотнеть немного.

— Как? — резко и угрожающе спросила Дама.

— Поначалу это нелегко, — начал ее брат, — но потом пойдет быстро. Ты поплотнеешь, когда захочешь чего-нибудь, кроме встречи с Майклом. Я не говорю «больше, чем встреча», это позже придет. А для начала нужно немного, хоть капельку, потянуться к Богу.

— Ты что, о религии? Нашел, знаешь ли, минуту! Ладно, что надо, то и сделаю. Чего вы от меня требуете? Говори, говори! Чем я раньше начну, тем скорее меня пустят к моему мальчику.

— Памела, подумай сама! Так ты начать не можешь! Для тебя Бог — средство, чтобы увидеть Майкла. А плотнеть мы начинаем только тогда, когда стремимся к Самому Богу.

— Был бы ты матерью, ты бы иначе заговорил.

— То есть если бы я был *только* матерью. Но этого не бывает. Ты стала матерью Майкла, потому что ты — дочь Божья. С Ним ты связана раньше и теснее. Памела, Он тоже любит тебя, Он тоже из-за тебя страдал. Он тоже долго ждал.

— Если бы Он меня любил, Он пустил бы меня к моему сыну. И вообще, если

Он меня любит, почему Он забрал от меня Майкла? Я не хотела об этом говорить, но есть вещи, которые простить нелегко.

— Ему пришлось, Памела. Отчасти — ради Майкла...

— Кто-кто, а я для Майкла все делала! Я ему жизнь отдала.

— Люди не могут долго давать друг другу счастье. А потом — Он и ради тебя это сделал. Он хотел, чтобы твоя животная, инстинктивная любовь преобразилась и ты полюбила Майкла, как Он его любит. Нельзя правильно любить человека, пока не любишь Бога. Иногда удается преобразить любовь, так сказать, на ходу. Но с тобой это было невозможно. Твой инстинкт стал неуправляемым, превратился в манию. Спроси дочь и мужа. Спроси свою собственную мать. О ней ты и не думала. Оставалось одно: операция. И Бог отрезал тебя от Майкла. Он надеялся, что в одиночестве и тишине проклюнется новый, другой вид любви.

— Какая чушь! Какая жестокая чушь! Ты *не имеешь права* так говорить о материнской любви. Это — самое светлое, самое высокое чувство.

— Пэм, Пэм, естественные чувства не высоки и не низки, и святости в них нет. Она возникает, когда они подчинены Богу. Когда же они живут по своей воле, они превращаются в ложных богов.

— Моя любовь к Майклу не могла стать плохой, хотя бы мы прожили миллион лет.

— Ты ошибаешься. Придется тебе сказать. Ты встречала там, в городе, матерей с сыновьями. Счастливы они?

— Такие, как эта Гатри и ее чудовище Бобби — конечно, нет! Надеюсь, ты нас не сравниваешь? Мы с Майклом были бы совершенно счастливы. Я-то не болтала бы о нем, как Уинифред Гатри, пока все не разбегутся. Я не ссорилась бы с теми, кто его не замечает, и не ревновала бы к тем, кто заметил. Я бы не хныкала повсюду, что он со мной груб. Неужели, по-твоему,

Майкл мог бы стать таким, как этот Бобби? Знаешь, есть пределы...

— Именно такой становится естественная любовь, если не преобразится.

— Неправда! Какой ты злой, однако! Я его так любила... Только им и жила, когда он умер...

— И плохо делала. Ты сама это знаешь. Не надо было устраивать этот десятилетний траур — трястись над его вещами, отмечать все даты, держать насильно Дика и Мюриэл в том несчастном доме.

— Конечно, им-то что! Я скоро поняла, что от них сочувствия не жди.

— Ты не права. Дик очень страдал по сыну. Мало кто из сестер так любил брата, как Мюриэл. Их не память о Майкле мучила — их мучила ты, твоя тирания.

— Какой ты злой! Все злые. У меня ничего нет, кроме прошлого...

— Ты сама того хочешь. Но ты не права. Это египтяне так относились к утрате, бальзамировали тело.

— Конечно! Я не права! Тебя послушать, я все неправильно делаю!

— Ну конечно! — обрадовался Дух и засиял так, что глазам стало больно. — Тут мы все узнаём, что всегда были не правы. Нам больше не надо цепляться за свою правоту. Так легко становится... Тогда мы и начинаем жить.

— Как ты смеешь издеваться? Отдай мне сына! Слышишь? Плевать я хотела на ваши правила! Я не верю в Бога, который разлучает сына с матерью! Я верю в Бога любви. Никто не имеет права нас разлучать! Даже твой Бог! Так Ему и скажи. Мне Майкл нужен! Он мой, мой, мой...

— Он и будет твоим, Памела. Все будет твоим, даже Бог. Но ты не то делаешь. Ничем нельзя овладеть по праву природы.

— То есть как? Это же мой сын, плоть от плоти!

— А где сейчас твоя плоть? Разве ты еще не поняла, что природа тленна? Смотри!

Солнце всходит. Оно может взойти каждую минуту.

— Майкл — мой!

— В каком смысле — твой? Ты его не сотворила. Природа вырастила его в твоем теле, помимо твоей воли. Да... ты както забыла, что ты тогда не хотела ребенка. Майкл — несчастный случай.

— Кто тебе сказал? — перепугалась Дама, но тут же взяла себя в руки. — Это ложь. Это неправда. И вообще, не твое дело. Я ненавижу твою веру... Ненавижу твоего Бога... Я его презираю. Я верю в Бога любви.

— Тем не менее ты не любишь ни нашу маму, ни меня.

— Ах, вот что! Так-так, ясно... Ну, Реджинальд, не ждала! Обидеться на это...

Дух засмеялся.

— Бог с тобой! — воскликнул он. — Тут у нас никого нельзя обидеть.

Дама застыла на месте. По-видимому, эти слова поразили ее всего сильнее.

— Идем, — сказал учитель, — пойдем дальше. — И взял меня за руку.

— Почему вы меня увели? — спросил я, когда мы отошли подальше от несчастной дамы.

— У них разговор долгий, — отвечал учитель, — ты слышал достаточно.

— Есть для нее надежда?

— Кое-какая есть. Ее любовь к сыну стала жалкой, вязкой, мучительной. Но там еще есть слабая искра, еще не все — сплошной эгоизм. Искру эту можно раздуть в пламя.

— Значит, одни естественные чувства хуже других?

— И лучше и хуже. В естественной любви есть то, что ведет в вечность, в естественном обжорстве этого нет. Но в естественной любви есть и то, за что ее можно счесть любовью небесной, и на этом успокоиться. Медь легче принять за золото, чем глину. Если же любовь не преобразишь, она загниет, и гниение ее хуже, чем гниение мелких страстей. Это — сильный ангел и потому — сильный бес.

— Не знаю, можно ли говорить об этом на земле. Меня обвинили бы в жестокости. Мне сказали бы, что я не верю в человека... что я оскорбляю самые светлые, самые святые чувства...

— Ну и пусть говорят, — сказал учитель.

— Да я и не посмел бы, это стыдно. Нельзя подойти к несчастной матери, когда ты сам не страдаешь.

— Конечно, нельзя, сынок. Это дело не твое. Ты не такой хороший человек. Когда у тебя самого сердце разобьется, тогда и поглядим. Но кто-то должен вам напомнить то, что вы забыли: любовь, в вашем смысле слова, — еще не все. Всякая любовь воскреснет здесь, у нас, но прежде ее надо похоронить.

— Это жестокие слова.

— Еще жесточе скрыть их. Те, кто это знает, боятся говорить. Вот почему горе прежде очищало, теперь — ожесточает.

— Значит, Китс был не прав, когда писал, что чувства священны?

— Вряд ли он сам понимал, что это значит. Но нам с тобой надо говорить ясно. Есть только одно благо — Бог. Все остальное — благо, когда смотрит на Него, и зло, когда от Него отвернется. Чем выше и сильнее что-либо в естественной иерархии, тем будет страшнее оно в мятеже. Бесы — не падшие блохи, но падшие ангелы. Культ похоти хуже, чем культ материнской любви, но похоть реже становится культом. Гляди-ка!

Я поглядел и увидел, что к нам приближается Призрак, а у него что-то сидит на плече. Он был прозрачен, как и все призраки, но одни были погуще, другие пожиже, как разные клубы дыма, одни — побелее, другие — потемней. Этот был черен и маслянист. На плече у него примостилась красная ящерка, которая била хвостом, как хлыстом, и что-то шептала ему на ухо. Как раз когда я увидел его, он с нетерпением говорил ей: «Да отстань ты!» Но она не перестала. Сперва он хмурился, потом улыбнулся, потом повернулся к западу (раньше он шел к горам).

— Уходишь? — спросил его чей-то голос.

Дух, заговоривший с ним, был как человек, но побольше и сиял так ослепительно, что я почти не мог на него смотреть. Свет и тепло исходили от него, и я почувствовал себя, как чувствовал прежде в начале летних жарких дней.

— Да, ухожу, — отвечал Призрак. — Благодарю за гостеприимство. Все равно ничего не выйдет. Я говорил вот ей (он указал на ящерку), чтобы она сидела тихо, раз уж мы тут, — она ведь сама подбивала меня поехать. А она не хочет. Вернусь уж я домой.

— Хочешь, чтобы она замолчала? — спросил пламенный Дух. Теперь я понял, что он — ангел.

— Еще бы! — ответил Призрак.

— Тогда я ее убью, — сказал Ангел и шагнул к нему.

— Ой, не надо! — закричал Призрак. — Вы меня обожжете! Не подходите.

— Ты не хочешь, чтобы я ее убивал?

— Вы сперва спросили не так...

— Другого пути нет, — сказал Ангел. Его огненная рука повисла прямо над ящеркой. — Убить ее?

— Ну, это другой вопрос. Я готов об этом потолковать, но это так просто не решишь. Я хотел, чтобы она замолчала... Измучила она меня.

— Убить ее?

— Ах, время есть, обсудим потом...

— Времени больше нет. Убить ее?

— Да я не хотел вас беспокоить. Пожалуйста, не надо... Вот она и сама заснула. Все уладится. Спасибо вам большое.

— Убить ее?

— Ну что вы, зачем это нужно? Я с ней сам теперь справлюсь. Лучше так, потихоньку, постепенно, а то что ж убивать!

— Потихоньку и постепенно с ней ничего не сделаешь.

— Вы так считаете? Что ж, я подумаю об этом, непременно подумаю... Я бы, собственно, и дал вам ее убить, но я себя что-то плохо чувствую. Глупо так спешить. Вот оправлюсь и — пожалуйста, убивайте. Выберем подходящий день.

— Другого дня не будет. Все дни — теперь.

— Да отойдите вы! Я обожгусь. Что она? Вы *меня* убьете!

— Нет, не убью.

— Мне же будет больно!

— Я не говорил, что тебе не будет больно. Я сказал, что не убью тебя.

— А, вон что! Вы думаете, я трус. Ну, давайте так: я съезжу туда и посоветуюсь с врачом. Я приеду, как только выберу минутку.

— Других минут не будет.

— Что вы ко мне пристали? Хотите мне помочь, убивали бы ее без спроса, я бы и охнуть не успел. Все было бы уже позади.

— Я не могу убить ее против твоей воли. Ты соглашаешься?

Ангел почти касался ящерки. Тут она заговорила так громко, что даже я ее услышал.

— Осторожно! — сказала она. — Он меня убьет, он такой. Скажи ему слово — и убьет. А ты останешься без меня навсегда. Это неестественно! Как же ты будешь жить? Ты же станешь призраком, а не человеком. Он таких вещей не понимает. Он — холодный, бесплотный дух. Они могут так жить, но не ты же! Знаю, знаю, у тебя и наслаждения нет, одни помыслы. Но это все же лучше, чем ничего! А я исправлюсь. Признаю, бывало всякое, но теперь я стану потише. Я буду тебе нашептывать вполне невинные помыслы... приятные, но невинные...

— Ты соглашаешься? — спросил Призрака Ангел.

— Вы убьете и меня...

— Не убью. А если бы и убил?

— Да, вы правы. Все лучше, чем она.

— Убить ее?

— А, чтоб вас! Делайте, что хотите! Ну, поскорей! — закричал Призрак и очень тихо прибавил: — Господи, помоги мне.

И тут же вскрикнул так страшно, что я пошатнулся. Пламенный Ангел схватил ящерку огненно-алой рукой, оторвал и швырнул на траву.

Сперва я как бы ослеп, потом увидел, что рука и плечо у Призрака становятся все белей и плотней. И ноги, и шея, и золотые волосы как бы возникали у меня на глазах, и вскоре между мной и кустом стоял обнаженный человек почти такого же роста, как Ангел.

Но и с ящерицей что-то происходило. Она не умерла и не умирала, а тоже росла и менялась. Хвост, еще бьющий по траве, стал не чешуйчатым, а подобным кисти. Я отступил и протер глаза. Передо мной стоял дивный серебристо-белый конь с золотыми копытами и золотой гривой.

Человек погладил его по холке, конь и хозяин подышали в ноздри друг другу, а потом хозяин упал перед Ангелом и обнял его ноги. Когда он поднялся, я подумал, что лицо его — в слезах, но, может быть, оно просто сверкало любовью и радостью. Разобрать я не успел. Он вскочил на коня, помахал нам рукой и исчез из виду. Ну и скакал он! За одну минуту они с конем пронеслись сверкающей звездой до самых гор, взлетели вверх — я закинул голову, чтобы их видеть, — и сверкание их слилось со светло-алым сверканием утренней зари.

Все глядя им вослед, я услышал, что и долина, и лес полнятся могучими звуками, и понял почему-то, что поют не духи, а трава, вода и деревья. Преображенная природа этого края радовалась, что человек снова оседлал ее, и пела так:

Господу моему сказал Господь:
«Отдых Мой раздели и славу Мою,
пока былые враги не лягут у ног.
Я дам Тебе власть оттуда,
где времени нет,
и те, кто боролся с Тобой, подчинятся Тебе,
смиряя пламя в крови, утишая страсть».
О Господи, победи нас, победи!
Чтобы мы стали собой и жили в раю,
в утреннем царстве света и росы!
Господь твой навеки поставил тебя Царем,
Первосвященником и Верховным Судьей.
Царствуй же, и суди, и Богу служи.

— Ты все понял, сынок? — спросил учитель.

— Не знаю, все ли, — ответил я. — Ящерка и вправду стала конем?

— Да. Но сперва он убил ее! Ты не забудешь об этом?

— Постараюсь не забыть. Неужели это значит, что все, просто все в нас может жить там, в горах?

— Ничто не может, даже самое лучшее, в нынешнем своем виде. Плоть и кровь не живут в горах, и не потому, что они слишком сильны и полны жизни, а потому, что они слишком слабы. Что ящерица перед конем? Похоть жалка и худосочна перед силой и радостью желания, которое встает из ее праха.

— Значит, чувственность этого человека мешает меньше, чем любовь к сыну той несчастной женщины? Она любила слишком сильно, но ведь любила!

— Слишком сильно, по-твоему? — строго сказал он. — Нет, слишком слабо. Если бы она любила его сильно, и трудности бы не было. Я не знаю, что будет с ней, но допускаю, что вот сейчас она просит отпустить его к ней, в ад. Такие, как она, готовы обречь другого на вечные муки, только бы владеть им. Нет, нет. Ты сделал неправильный вывод. Спроси лучше так — если восставшее тело похоти так могуче и прекрасно, каково же тело дружбы и материнской любви?

Я не ответил ему, вернее, я спросил о другом:

— Разве тут, у вас, есть еще одна река?

Спросил я это потому, что на всех опушенных листьями ветках задрожал пляшущий свет, а на земле я видел такое только у реки. Очень скоро я понял свою ошибку. К нам приближалось шествие, и на листьях отражались не отсветы воды, а его сверкание.

Впереди шли сияющие духи — не духи людей, а какие-то иные. Они разбрасывали цветы, и те падали легко и беззвучно, хотя каждый листок весил здесь в десять раз больше, чем на земле. За духами шли мальчики и девочки. Если бы я мог записать их пение и передать их ноты, ни один из моих читателей никогда бы не состарился. Потом шли музыканты, а за ними шла та, кого они чествовали.

Не помню, была ли она одета. Если нет — значит, облако радости и учтивости облекало ее и даже влачилось за нею, как шлейф, по счастливой траве. Если же она была одета, она казалась обнаженной, потому что сияние ее насквозь пронизало одежды. В этой стране одежда — не личина, духовное тело живет в каждой складке, и все они — живые его части. Платье или венец так же неотделимы от человека, как глаз или рука.

Но я забыл, была ли она одета, помню лишь невыразимую красоту ее лица.

— Это... это... — начал я, но учитель не дал мне спросить.

— Нет, — сказал он, — об этой женщине ты никогда не слышал. На земле ее звали Сарой Смит, и жила она в Голдерс-Грин.

— Она... ну, очень много тут у вас значит?

— Да. Она — из великих. Наша слава ничем не связана с земной.

— А кто эти великаны? Смотрите! Они — как изумруд!

— Это ангелы служат ей.

— А эти мальчики и девочки?

— Ее дети.

— Как много у нее детей...

— Каждый мальчик и даже взрослый мужчина становился ей сыном. Каждая девочка становилась ей дочерью.

— Разве это не обижало их родителей?

— Нет. Дети больше любили их, встретившись с ней. Мало кто, взглянув на нее, не становился ей возлюбленным. Но жен они любили после этого не меньше, а больше.

— А что это за зверь? Вон — кошка... кот... Прямо стая котов... И собаки... Я не могу их сосчитать. И птицы, и лошади.

— Каждый зверь и каждая птица, которых она видела, воцарялись в ее сердце и становились самими собой. Она передавала им избыток жизни, полученной от Бога.

Я с удивлением посмотрел на учителя.

— Да, — сказал он, — представь, что ты бросил камень в пруд и круги идут все дальше и дальше. Искупленное человечество молодо, оно еще не вошло в силу. Но и сейчас в мизинце великого святого хватит радости, чтобы оживить всю стенающую тварь.

Пока мы беседовали, прекрасная женщина шла к нам, но глядела не на нас. Я посмотрел, куда же она глядит, и увидел очень странного призрака. Вернее, это были два призрака. Один, высокий и тощий, волочил на цепочке маленького, с мартышку ростом. Высокий мне кого-то напоминал, но я не мог понять кого. Когда Прекрасная Женщина подошла к нему почти вплотную, он прижал руку к груди, растопырил пальцы и глухо воскликнул: «Наконец!» Тут я понял, на кого он похож: на плохого актера старой школы.

— Ох, наконец-то! — сказала Прекрасная Женщина, и я ушам не поверил. Но тут я заметил, что не актер ведет мартышку, а мартышка держит цепочку, у актера же на шее — ошейник. Прекрасная Женщина глядела только на мартышку. По-видимому, ей казалось, что к ней обратился карлик, высокого она не замечала вообще. Она глядела на карлика, и не только лицо ее, но и все тело, и руки светились любовью. Она наклонилась и поцеловала его. Я вздрогнул — жутко было смотреть, как она прикасается к этой мартышке. Но она не вздрогнула.

— Фрэнк, — сказала она, — прости меня. Прости меня за все, что я делала не так, и за все, чего я не сделала.

Только сейчас я разглядел лицо карлика, а может быть, от ее поцелуя он стал плотнее. Вероятно, на земле он был бледным, веснушчатым, без подбородка и с маленькими жалкими усиками. Он как-то нехотя взглянул на нее, краем глаза поглядывая на Актера, потом дернул цепочку, и Актер заговорил.

— Ладно, ладно, — сказал Актер. — Оставим это... Все мы не без греха. — Лицо его гнусно исказилось (по-видимому, то была улыбка). — Что за счеты! Я ведь думаю не о себе. Я о тебе думаю. Я все эти годы думал, как ты тут без меня.

— Теперь все позади, — сказала она. — Все прошло.

Красота ее засияла так, что я чуть не ослеп, а Карлик впервые прямо взглянул на нее. Он даже сам заговорил.

— Ты скучала без меня? — прокрякал или проблеял он.

— Ты скоро все это поймешь... А сейчас... — начала она.

Карлик и Актер заговорили хором, обращаясь не к ней, а друг к другу.

— Видишь! — горько говорили они. — Она не ответила! Да и чего от нее ждать!

Карлик снова дернул цепочку.

— Ты скучала обо мне? — с трагическими перекатами спросил Актер.

— Миленький, — сказала Карлику Прекрасная Женщина, — забудь про все беды.

Казалось, Карлик послушался ее — он стал еще плотнее, и лицо его немного очистилось. Я просто не понимал, как можно устоять, когда призыв к радости — словно песня птицы весенним вечером. Но Карлик устоял. Они с Актером снова заговорили в унисон.

— Конечно, благородней всего простить и забыть, — жаловались они друг другу. — Но кто это оценит? Она? Сколько раз я ей уступал! Помнишь, она наклеила марку на конверт, она матери писала, когда *мне* нужна была марка? А разве она об этом помнит? Куда там... — Тут Карлик дернул цепочку.

— Нет, я не забуду! — воскликнул Актер. — И не хочу забыть! Что я, в конце концов? Я не прощу *твоих* мучений!

— Ах, Боже мой! — сказала она. — Здесь нет мучений!

— Ты хочешь сказать, — спросил Карлик сам, от удивления не дернув цепочку, — что была тут счастлива без меня?

— Разве ты не желаешь мне счастья? — отвечала она. — Ну, пожелай сейчас или вообще об этом не думай.

Карлик заморгал и чуть не выпустил цепочку, но спохватился и дернул за нее.

— Что ж... — произнес Актер горьким мужественным тоном, — придется и это вынести...

— Миленький, — сказала Карлику Прекрасная Женщина, — тебе нечего выносить. Ты же не хочешь, чтобы я страдала. Просто ты думал, что я бы страдала, если люблю тебя. А я тебя люблю и не страдаю. Ты скоро это поймешь.

— Любишь! — возопил Актер. — Разве ты понимаешь это слово?

— Конечно, понимаю, — сказала Прекрасная Женщина. — Как мне не понимать, когда я живу в любви! Только теперь я и тебя люблю по-настоящему.

— Ты хочешь сказать, — грозно спросил Актер, — что ты меня тогда не любила?

— Я тебя неправильно любила, — сказала она. — Прости меня, пожалуйста. Там, на земле, мы не столько любили, сколько хотели любви. Я любила тебя ради себя. Ты был мне нужен.

— Значит, — спросил Актер, — теперь я тебе не нужен?

— Конечно, нет! — сказала она, улыбаясь так, что я удивился, почему призраки не пляшут от радости. — У меня есть все. Я полна, а не пуста. Я сильна, а не слаба. Посмотри сам! Теперь мы не *нужны* друг другу и сможем любить по-настоящему.

— Я ей не нужен!.. — говорил Актер неизвестно кому. — Не нужен!.. Да лучше бы мне видеть ее мертвой у своих ног, чем слышать *такое!*

Тут Прекрасная Женщина впервые заметила Актера.

— Фрэнк! — закричала она. — Фрэнк! Взгляни на меня! Я *тебя* ждала, а не его. Послушай, что он говорит! — И она засмеялась.

Подобие жалкой улыбки проступило на лице Карлика. Он взглянул на нее и, как ни боролся, стал немного повыше.

— Да ты и видел меня мертвой! — продолжала она. — Не у ног, конечно, а в кровати... Больница у нас была хорошая, старшая сестра не дала бы нам валяться на полу. И как смешно, что этот твой манекен говорит *здесь* о смерти!

Карлик изо всех сил противился радости. Когда-то, очень давно, у него бывали, вероятно, проблески разума и юмора. И сейчас под ее веселым и нежным взглядом он понял на миг, как нелеп Актер. Он понял, чему она смеется, — ведь и он знал когда-то, что никто не смеется друг над другом больше, чем влюбленные. Но он боялся. Не такой встречи он ждал и не хотел принимать чужие условия игры. Он снова дернул за цепочку, и Актер заговорил.

— Ты над этим смеешься! — вознегодовал он. — Вот оно, мое вознаграждение! Что ж... Оно и лучше, что тебе до меня нет дела. Иначе ты бы извелась, вспоминая, что вытолкала меня в ад. Что-о? Ты думала, после всего я здесь останусь? Нет уж, я понимаю, что я лишний. «Не нужен», вот как она сказала...

Карлик больше не говорил, но Прекрасная Женщина обратилась к нему:

— Я тебя не выгоняю, ты не понял! Здесь так хорошо. Все тебе рады. Останься!

Но Карлик уменьшался на глазах.

— Да, — отвечал Актер, — а на каких условиях? Собака и та бы отказалась. Я еще не потерял достоинства. Для тебя — что я есть, что меня нет. Тебе безразлично, что я вернусь в холод, во мглу, на пустынные улицы...

— Фрэнк, не надо! — прервала она. — Зачем нам с тобой так говорить!

Карлик был теперь так мал, что ей пришлось опуститься на колени. Актер же кинулся на ее реплику, как собака на кость.

— Как же! — вскричал он. — Ей больно это слушать! Вечная история!.. Ее надо оберегать. Она не терпит грубой правды. Это она-то, которой я не нужен! Ей бы только не огорчаться. Только бы не потревожить ее драгоценного покоя! Да, вот моя награда...

Она низко склонилась к Карлику. Он был теперь ростом с котенка и висел на цепочке.

— Ты меня не понял, — говорила она, — я хотела сказать: не играй ты так, не декламируй. Зачем это? Он убивает тебя. Выпусти цепочку. Еще не поздно.

— Не играть! — взревел Актер. — Что ты имеешь в виду?

Я не мог уже различить Карлика (он как бы слился с цепью) и не мог увидеть, к кому обращается Женщина — к нему или к Актеру.

— Скорей! — торопила она. — Еще не поздно! Перестань!

— А что я такое делаю?

— Ты играешь на жалости. Мы все грешили этим на земле. Жалость — великое благо, но ее можно неверно использовать. Понимаешь, вроде шантажа. Те, кто выбрал несчастье, не дают другим радоваться. Я ведь знаю теперь! Ты и в детстве так делал. Чем просить прощения, ты шел поплакать на чердак... Ты знал, что кто-нибудь из сестер скажет рано или поздно: «Не могу, он там плачет...» Ты шантажировал их, играл на жалости, и они сдавались. А потом, со мной... Ну ничего, это не важно, ты только сейчас перестань.

— И это все, — спросил Актер, — что ты поняла обо мне за долгие годы?

Что стало с Карликом, я не знаю. То ли он полз по цепи, как муха, то ли всосался в нее.

— Фрэнк, послушай меня, — сказала Женщина. — Подумай немного. Разве радость так и должна оставаться беззащитной перед теми, кто лучше будет страдать, чем поступится своей волей? Ты ведь страдал, теперь я знаю. Ты и довел себя этим. Но сейчас ты уже не можешь заразить своими страданиями. Наш здешний свет способен поглотить всю тьму, а тьма твоя не обнимет здешнего света. Не надо, перестань, иди к нам! Неужели ты думал, что любовь и радость вечно будут зависеть от мрака и жалоб? Неужели ты не знал, что сильны именно радость и любовь?

— Любовь? — повторил Актер. — Ты смеешь произносить это священное слово?

Он подобрал цепочку, болтающуюся на его ошейнике, и куда-то сунул. Кажется, он ее проглотил. Только тут Прекрасная Женщина взглянула прямо на него.

— Где Фрэнк? — спросила она. — Кто вы такой? Я вас не знаю. Вы лучше уйдите. А хотите — останьтесь. Я пошла бы с вами в ад, если бы могла и если бы это помогло, но вы не можете вложить ад в мое сердце.

— Ты меня не любишь, — тонким голосом проговорил Актер. Его почти не было видно.

— Я не могу любить ложь, — сказала она, — я не могу любить то, чего нет.

Он не ответил. Он исчез. Она стояла одна, только серенькая птичка прыгала у ее ног, приминая легкими лапками траву, которую я не смог бы согнуть.

Наконец она двинулась в путь, а светлые духи поджидали ее и пели так:

Под кровом Троицы хорошо, здесь —
наш истинный дом.
Господь прикроет тебя щитом, крыльями осенит,
И не убоишься страхов ночных,
полуденной стрелы,
Забудешь немощи и боль, насквозь
увидишь ложь.
Тысячи собьются с пути, тысячи тысяч падут
Там, где ты спокойно пройдешь средь
скорпионов и львов,
Средь бронтозавров и ехидн.
Никто не тронет тебя.
Ведь над тобою — Божий покров,
ангел тебя ведет,
Бережно следя, чтобы ты не оступилась нигде
На осторожном царском пути, ведущем
в вечную жизнь.

— А все же, — сказал я учителю, когда сверкающее шествие скрылось под сенью леса, — я и сейчас не во всем уверен. Неужели так и надо, чтобы его страдания, пусть и выдуманные, не тронули ее?

— Разве ты хотел, чтобы он мог и сейчас ее мучить? Он мучил ее много лет подряд там, на земле.

— Нет, конечно, не хочу.

— Так что же?

— Я и сам не знаю... Иногда говорят, что гибель одной-единственной души обращает в ложь радость всех блаженных.

— Как видишь, это не так.

— А должно быть так.

— Звучит милосердно, но подумай сам, что за этим кроется.

— Что?

— Люди, не ведающие любви и замкнутые в самих себе, хотели бы, чтобы им дали шантажировать других. Чтобы, пока они не захотят стать счастливыми на их условиях, никто не знал бы радости. Чтобы последнее слово осталось за ними. Чтобы ад запрещал раю.

— Я совсем запутался.

— Сынок, сынок, третьего не дано! Есть два решения: день настанет, когда горетворцы не смогут больше препятствовать радости, или они всегда, вовек будут разрушать радость, от которой отказались. Я знаю, очень благородно говорить, что не примешь спасения, если хоть одна душа останется во тьме внешней. Но не забудь о подвохе, иначе собака на сене станет тираном мироздания.

— Значит... нет, сказать страшно! Значит, жалость может умереть?

— Не так все просто. Действие, именуемое жалостью, пребудет вечно, страсть, именуемая жалостью, умрет. Страсть жалости, страдание жалости, боль, понуждающая нас уступить, где не надо, и польстить там, где нужно сказать правду, жалость, погубившая много чистых женщин и честных чиновников, — умрет. Она была орудием плохих против хороших, и оружие это ломается.

— А другая жалость, действие?

— Это оружие добрых. Она летит быстрее света с высот в низины, чтобы исцелить и обрадовать любой ценой. Она обращает тьму в свет, зло — в добро. Но она не может отдать добро в рабство злу. Все, что можно исцелить, она исцелит, но не назовет алое желтым ради тех, кто болен желтухой, и не вырвет все цветы в саду ради тех, кто не выносит роз.

— Вы говорите, она летит в низины. Но Сара Смит не пошла с Фрэнком в ад.

— Куда же ей, по-твоему, надо было идти?

— Ну, к той расщелине, вон там. Отсюда не видно, но вы ведь знаете, автобус там остановился.

Учитель странно улыбнулся.

— Смотри, — сказал он и опустился на четвереньки. Я опустился тоже, хотя коленям было очень больно, и увидел, что он сорвал травинку и кончиком ее показал мне крохотную трещину в земле. — Точно не скажу, — проговорил он, — та ли это трещина или нет. Но та, через которую прошел ваш автобус, никак не больше.

Я удивился, даже испугался.

— Да я же видел бездну! — воскликнул я. — Высокие скалы!

— Верно, — сказал он. — Но ты не только двигался, ты увеличивался.

— Значит, ад... и все это пустое пространство... помещаются в такой трещине?

— Да. Ад меньше земного камешка, меньше райского атома. Взгляни на бабочку в нашем, истинном мире. Если бы она проглотила весь ад, она бы и не заметила.

— Там, в аду, он кажется очень большим.

— Вся злоба его, вся зависть, все одиночество, вся похоть — ничто перед единым мигом райской радости. Зло даже злом не может быть в той полноте, в какой добро есть добро. Если бы все мучения помыслились вон той птичке, она проглотила бы их, как ваш земной океан проглотил бы каплю чернил.

— Теперь я понял, — сказал я, — Сара Смит не *уместится* в аду.

Учитель кивнул.

— Да, — отвечал он, — ад не может широко разинуть свою пасть.

— А Сара не могла бы стать меньше, как Алиса в Стране чудес?

— Погибшая душа бесконечно мала, ее почти нет, она совсем усохла, замкнулась в себе. Бог бьется об нее, как звуковая волна об уши глухого. Она сжала зубы, стиснула кулаки, крепко зажмурилась. Она не хочет, а потом и не может давать, вкушать, видеть.

— Значит, никому до нее не достучаться?

— Только Высший из всех может так умалиться, чтобы войти в ад. Чем ты выше, тем ниже можешь спуститься: человек способен привязаться к лошади, но лошадь не привяжется к мыши. Один Христос спустился туда, к ним.

— Спустится ли Он снова?

— Время здесь не такое, как на земле. Те дни, когда Он был в аду, обнимали все минуты, которые были, есть и будут. В темнице нет никого, кому бы Он не проповедовал.

— Кто-нибудь услышал Его?

— Да.

— Вы писали, — сказал я, — что спасутся все, и апостол Павел так пишет.

— Наверное, все и будет хорошо, как сказал Спаситель святой Юлиании Норической, но нам с тобой не стоит толковать о таких вещах.

— Потому что они слишком страшны?

— Нет. Потому что ответ обманет. Если ты внутри, во времени, и спрашиваешь, как тебе поступить, — ответ прост. Ты на распутье, и ни один из путей не закрыт для тебя. Человек волен избирать вечную смерть, кто выберет ее — ее и получит. Но если ты пытаешься выйти в вечность и увидеть, как все *будет* (иначе сказать ты не сумеешь) тогда, когда все возможности сменятся Единственно Сущим, ты спрашиваешь о том, чего тебе не понять. Ты смотришь сквозь маленькие и ясные стекла времени. Свобода — дар, сильнее всего уподобляющий тебя Творцу, но увидеть ее ты можешь только в перевернутый бинокль, иначе она была бы слишком велика для тебя. Для тебя сменяются диапозитивы моментов, и во всякий из них ты волен делать выбор. Но смена этих временных кусочков, призрак того, «что могло бы быть», — еще не свобода, это все стекла, линзы. Я говорю сейчас притчами, но они верней философских выкладок или мистических построений, которые тщатся проникнуть глубже. Любая попытка увидеть облик вечности прямо, без этой линзы, искажает или уничтожает то, что знаешь о свободе. Вспомни доктрину предопределения. Она стоит на том, что Присносущий не дожидается будущего, и она права, но правоту эту покупает ценой свободы — истины важнейшей и глубочайшей из двух. Доктрина всеобщего спасения тоже поступается половиной правды. Тебе не понять вечности, пока ты во времени. Господь сказал, что мы — боги. Долго ли можешь ты без линзы смотреть на безмерность собственной души и вечную реальность выбора?

Вдруг все изменилось. Я увидел огромных людей, неподвижно и безмолвно стоящих у серебряного столика. На нем, словно шахматные фигурки, передвигались крохотные люди, и я знал, что каждый из них представляет кого-нибудь из огромных, выражает, как в пантомиме, его глубинную природу. Люди-шахматы были мужчинами и женщинами, как они представляются друг другу и самим себе при жизни. Стол был временем. Огромные люди, глядящие на все это, — бессмертными душами шахматных. Голова закружилась у меня, я схватил учителя за руку и крикнул:

— Неужели это так? Значит, все, что я тут видел, — неправда? Значит, беседы призраков и духов — условное действо, а исход предрешен давным-давно?

— С таким же успехом ты можешь назвать это предвосхищением того, последнего выбора. А лучше не называть ни так, ни так. Ты видел ход событий немного четче, чем там, на земле, — стекло тут яснее. Но смотрел ты все еще сквозь него. Не жди от сна больше, чем он может дать.

— От сна? Значит, я... еще... еще не здесь?

— Нет, сынок, — мягко сказал он и взял меня за руку. — Радоваться рано. Тебе еще предстоит испить горький напиток смерти. Ты видишь сон. Если будешь рассказывать его, говори ясно, что это было во сне. Не давай им, бедненьким, повода думать, что они или ты заглянули туда, куда не заглянуть смертным. Я не хотел бы, чтобы мои дети стали Сведенборгами.

— Упаси Господь! — сказал я по возможности мудрым тоном.

— Господь и упас. Он это запретил. — Тут учитель снова стал на вид истиннейшим шотландцем. Я жадно глядел на него. Столик и фигурки исчезли, нас окружали тихие леса, залитые тихим предутренним светом. Я стоял спиной к востоку, учитель — лицом ко мне. Вдруг лицо его осветилось, и высокий папоротник у него в руках вспыхнул золотом. Тени потемнели. Все время, что я был тут, птицы щебетали и хлопотали, а сейчас они запели хором, и бесчисленные духи запели, и ангелы, и сам лес. Я осторожно взглянул через плечо и, кажется, увидел на секунду краешек солнца, золотыми стрелами поражающего время, изгоняющего все призрачное. Я закричал, кинулся к учителю и уткнулся лицом в складки его одеяния. «Утро! — плакал я. — Утро застало меня, а я только призрак!» Свет обрушился на меня всем своим весом. Складки одеяния стали складками старой, залитой чернилами скатерти, в которую я вцепился, падая со стула, тяжелые слитки света — моими книгами. Я лежал в холодной комнате у черного, остывшего камина, и часы били трижды над моей головой.

Литературно-художественное издание

Льюис Клайв Стейплз

РАСТОРЖЕНИЕ БРАКА

Роман

Ответственный редактор *Г. Веснина*
Художественный редактор *Е. Фрей*
Технический редактор *Г. Этманова*
Компьютерная верстка *З. Полосухиной*

Общероссийский классификатор продукции
ОК-034-2014 (КПЕС 2008); 58.11.1 — книги, брошюры печатные

Произведено в Российской Федерации. Изготовлено в 2022 г.

Изготовитель: ООО «Издательство АСТ»

ООО «Издательство АСТ»
129085, г. Москва, Звёздный бульвар, дом 21, строение 1, комната 705, пом. I, 7 этаж.
Наш электронный адрес: **www.ast.ru**
E-mail: ask@ast.ru
ВКонтакте: vk.com/ast_neoclassic

«Баспа Аста» деген ООО
129085, Мәскеу қ., Звёздный бульвары, 21-үй, 1-құрылыс, 705-бөлме, I жай, 7-қабат.
Біздің электрондық мекенжайымыз: www.ast.ru
E-mail: ask@ast.ru

Интернет-магазин: www.book24.kz
Интернет-дүкен: www.book24.kz
Импортёр в Республику Казахстан ТОО «РДЦ-Алматы».
Қазақстан Республикасындағы импорттаушы «РДЦ-Алматы» ЖШС.
Дистрибьютор и представитель по приему претензий на продукцию в Республике Казахстан:
ТОО «РДЦ-Алматы»

Қазақстан Республикасында дистрибьютор
және өнім бойынша арыз-талаптарды қабылдаушының
өкілі «РДЦ-Алматы» ЖШС, Алматы қ., Домбровский көш., 3«а», литер Б, офис 1.
Тел.: 8(727) 2 51 59 89,90,91,92, факс: 8 (727) 251 58 12 вн. 107;
E-mail: RDC-Almaty@eksmo.kz
Өнімнің жарамдылық мерзімі шектелмеген.

Өндірген мемлекет: Ресей
Сертификация қарастырылмаған

Подписано в печать 09.06.2022. Формат 76×100 1/32.
Гарнитура «Newton». Печать офсетная. Усл. печ. л. 5,63.
Доп. тираж 3000 экз. Заказ Э16382.

Отпечатано в типографии ООО «Экопейпер».
450044, Россия, г. Казань, пр. Ямашева, д. 36Б.

ISBN 978-5-17-121712-9

9 785171 217129 >